이재명,
대한민국
혁명하라

이재명 지음

메디치

2017년 1월 20일 발행된 초판본 표지

✳

“빛이 어둠을 이기는 시간,
두려움에 맞서
건국혁명을 완성하자”

대한민국
혁명하라

대한민국 혁명하라

이재명 지음

메디치

2017년의 이재명이
2026년의 이재명에게 미리 보낸 편지

'이재명 대통령의 정책과 판단의 뿌리구나.' 9년 전의 책을 다시 내기로 하고 읽어본 첫 소감이다. 저자는 1년이 채 안 되는 대통령 임기 동안 미국, 중국과의 협상에서 다부진 면모를 보여주었고, 주식 시장을 부양하고, 아파트와 농지 투기에 단호한 태도와 노동자 생명에 관한 집요한 관심을 드러냈다. 그리고 이러한 모든 것을 이 책에서 이미 다 예고했다. 물론 아직 공개되지 않은 정책들이 더 많을 것이다.

《대한민국 혁명하라》는 9년 전인 2017년 1월 출간된 책으로, 첫 대통령 후보 도전에 나선 정치인 이재명의 정책과 생각을 담고 있다. 출간 이후 광주 김대중컨벤션센터에서 출간기념회를 겸한 출정식이 열렸을 때 전국에서 모인 지지층의 열기와 호응, 장내를 쩌렁쩌렁 울리던 그의 목소리를 잊을 수 없다. 그의 나이 쉰셋이었다.

프롤로그에서 저자는 "이 책은 새로운 대한민국, 진정한 민주공화국을 다시 세우기 위한 이재명의 기본 개념을 정리한 것"이라고 밝혔는데, 책의 내용은 전형적인 매니페스토(manifesto)다. 지금도 이어지고 있는 그의 초심이자 생각의 원형, 즉 오리진(origin)이다.

시사 프로그램에서 다룰 법한 '정치', '경제', '복지', '평화'라는 네 가지 묵직한 주제에 대한 그의 '혁명'적 생각을 찬찬히 깊이 읽다 보면, 어느새 저자의 불같은 열정이 다가온다. 또렷한 목소리가 들린다. 그의 체험과 고민에 바탕한 뜨거운 가슴이 밀려온다. 개인적으로는 4부 '평화혁명'이 인상적이다. 성남시장 시절부터 외교안보에 관심을 갖고 정세현, 이종석 전 통일부 장관 등을 모시고 공부한 결과물이다. 그런 기초단체장이 또 있었던가?

출간 이후 정치인 이재명은 8년 차 행정가에서 17년 차 행정가로 거듭났으며, 2030년 5월까지 21년 차 행정가로서의 활동이 예약돼 있다. 관할 행정구역의 인구는 약

100만 명에서 5,200만 명으로 늘었다. 안보, 통상, 재정 등 행정 영역도 비교할 수 없을 만큼 추가되었다.

한 사람의 글과 말은 그 사람을 보여준다. 표현 하나, 토씨 하나, 단어의 배치 순서 하나에도 살아온 세월의 흔적이 묻어 있다.《대한민국 혁명하라》는 변방 출신 이재명이 중앙의 실력 없는 집권층에게 던지는 강렬한 경고장이자 해결의 방법론이다. 그는 기득권 세력의 부패를 뿌리 뽑고 새로운 나라를 만들어야 한다고 말한다. 개선, 개혁, 혁신을 넘어 가장 강한 단어인 '혁명'을 제목으로 꺼낼 만큼 그의 현실 인식은 분명하다.

이 책의 글들은 이제 대통령의 언어가 되었다. 이재명 대통령의 발언을 듣고 있노라면, 이 책과의 일치성, 일관성을 느낄 수 있다. 이재명이라는 강물이 흘러가는 방향과 속도, 수질은 여전하다. 다만, 그가 성장하고 진화한 만큼 강폭은 넓어지고 수심은 더욱 깊어졌다. 그래서 이 책은 '2017년의 이재명이 2026년의 이재명에게 미리 보낸 편지'다. 2017년의 이재명과 2026년의 이재명, 그 공통점과 차이점을 잘 살펴보는 재미도 있을 것이다.

2026년은 2017년보다 각자도생의 세계질서가 더 심화되었으며, 기술 변혁은 빨라졌다. 그 결과 이재명의 원전 정책 같은 것들은 2017년 당시와는 달라졌다. '부민부국'(富民富國), '억강부약'(抑强扶弱)의 필요성이 더 커졌다. 실용주의여야 살아남는다. 세계적으로 엄혹한 시기에 부디 이재명 대통령이 이 책을 집필할 당시의 '혁명적' 마음가짐을 잊지 않고 유지해나가기를. 아울러 이 책이 대한민국과 이재명, 그리고 국민이 미래로 나아가는 데 북극성과 나침반 역할을 할 수 있기를 바란다. 독자들에게도 권한다. 시대 변화에 발맞추어 이 책의 정오표(正誤表)를 이재명 대통령과 같이 작성해보자고. 함께할 때라야 의미가 더욱 크다.

2026년 3월

김현종

"우리는 결코 용서해서는 안 됩니다. 대한민국 수립 이래 70년이 넘도록 우리 사회의 힘센 자들은 자신들이 저지른 온갖 패악과 테러와 반역과 학살에 대해서 전혀 책임지지 않았습니다. 머슴이 머슴의 자리를 떠나서 주인에게 가해행위를 하면 결론은 분명합니다. 머슴을 머슴 자리에서 내쫓고 지은 죄만큼 책임을 물어야 합니다. 여러분과 함께 싸우겠습니다."

박근혜 탄핵 6차 촛불집회 2016. 12. 3.

세월호 유가족 옆자리에서 집회를 마친 뒤,

서울 내자동의 한 카페에서 늦은 저녁 식사를 하던 중

시민들의 연호에 이끌려 하게 된 길거리 연설.

ⓒ 서재열

"이 세상의 주인은 우리입니다. 세상은 우리가 원하는 대로, 대한민국 국민 다수가 혜택을 보는 합리적인 사회가 되어야 합니다. 그렇지 못하게 된 문제의 뿌리는 재벌 대기업 체제입니다. 여러분, 재벌 체제를 해체하고 노동자들이 뿌린 만큼 거두는 공정한 사회를 만드는 것은 그들의 양보가 아니라 우리의 투쟁을 통해서만 가능합니다. 우리는 너무 오랫동안 참았습니다. 우리는 더 참으면 안 됩니다. 일하는 사람이 존중받는 그런 나라를 만듭시다."

"우리가 노동자임을 잊지 맙시다. 우리는 노동자임을 당당하게 주장해야 합니다. 노동자라고 말하면 '빨갱이'라는 말을 들을까봐 두려워합니다. 노동은 신성합니다. 선생님도, 공무원도, 경찰도, 대기업에 있든 중소기업에 있든 정규직이든 비정규직이든 모두 노동자입니다. 노동을 하는 사람들은 위대한 사람들이고, 그에 합당한 대우를 받을 권리가 있습니다."

두려움에 맞서 건국혁명을 이루자

빛이 어둠을 이기는 시간, 지금은 새벽이다. 이 글을 쓰는 나도, 우리 대한민국도 깊은 어둠을 건너 새벽을 맞고 있다.

우리 현대사는 빛과 어둠으로 점철되어 왔다. 3·1독립 만세혁명과 4·19혁명, 80년 5월 광주민주화운동과 87년 6월 항쟁처럼 불꽃같이 타올랐던 투쟁의 날들이 있었고, 분단과 한국전쟁, 5·16 군사쿠데타와 광주학살의 아픔에 이어 끝없이 추락해간 지난 9년의 이명박·박근혜 정권도 있었다.

역사를 돌아보면 백성을 수탈하고 폭정을 자행했던 권력자가 스스로 물러난 적은 없다. 한국 현대사 또한 그러하다. 나라를 팔아먹고 분단을 초래한 자들이 기득권을 차지했다. 탱크를 몰고 민주주의를 파괴한 자들이 국민 수백 명의 가슴팍에 총알과 대검을 찔러 넣었고, 쉬심 든

몽둥이로 사람들의 머리를 내리쳤다. 그런 자들이 처벌도 문책도 받지 않고 지금껏 잘 먹고 잘살고 있다. 기득권자가 된 그들은 국민이 피 흘려 거둔 투쟁의 성과들을 결정적 순간에 빼앗는 일을 반복했다. 하지만 그나마 국민의 투쟁과 저항이 계속되었기에 여기까지 올 수 있었다.

87년 6월 항쟁으로 직선제와 형식적 민주주의를 쟁취한 뒤 정치군인을 제거하고 두 번의 민주정부를 거치면서 다시는 독재가 발붙일 수 없다고 우리는 믿었다. 그러나 이는 순진한 믿음이었다. 이명박·박근혜 정권은 세상이 얼마든지 뒤바뀔 수 있음을, 역사의 수레바퀴도 되돌려질 수 있음을 보여줬다. 국민 99%의 삶이 끝없는 나락으로 떨어지고, 민주주의는 중상을 입고 비틀거렸다. 또한 한반도 정세는 전쟁을 향해 치닫는 상황으로 내몰렸다. 1%의 기득권자들은 우리 사회의 부와 기회, 권력과 자원을 틀어쥐고 놓지 않았고, 갈수록 독점은 심해졌다.

두려움과 절망이 깊어질수록
변화에 대한 열망도 강해져

그러나 달도 차면 기우는 법이다. 무능하고 자질도 부족한 데다가 전제군주인 양 행세했던 박근혜 대통령과 정권이 역설적으로 국민이 주인 되는 진정한 민주공화국으로 가는 희망을 살려냈다. 국민들은 폐단과 절망의 끝에서 그 진원지를 알아채게 됐다. 그건 바로 친일매국, 분단과 쿠데타, 학살과 독재로써 지배해온 소수의 부패하고 불의하며 부도덕한 기득권자들이었다. 그들은 우리 사회의 기회와 자원, 소득과 자산을 블랙홀처럼 빨아들이고 있었다.

이는 대한민국 정부 수립 당시 우리가 합의한 최고의 가치이자 질서인 헌법이 제대로 작동하지 않는 데서 비롯된다. 부당한 기득권 체제를 청산하고 새로운 세상을 만드는 것은 바로 우리 헌법이 정한 민주공화국을 완성하는 일이다. 실질적으로 평등하고 공정한 경쟁이 보장되는 자유로운 나라, 기여한 만큼 배분받고 인권과 복지가 보장되는 나라, 평화롭고 안전한 민주공화국을 국민의 힘으로 이룰 수 있다. 불의한 집권자를 몰아내기 위해 모두가 모였던 광장에서 우리는 그 가능성을 보았다. 가장 어두울 때 새벽이 시작되듯, 깊은 두려움과 절망 속에서 변화에 대한 열망이 솟아났다.

광장에서 우리는 놀랐다. '나'와 같은 생각을 가진 사람들이 많다는 사실에 놀랐고, 직접 행동에 나서는 시민들이 많다는 사실에 다시 한번 놀랐다. '손가락 혁명군'은 인터넷에만 존재하는 게 아니었다. 손가락으로 의견을 주고받는 데 그치지 않고 광장에서 피켓과 깃발을 들고 "박근혜 퇴진!" "새누리당 해체!" "재벌총수 구속!"을 소리 높여 외쳤다. 생계에 전념해야 하고 모처럼 쉬어야 하는 주말을 몇 주째 반납하고 전국 곳곳에서 마음과 행동을 모았다. 백수십만 명이 함께하는 자리에서도 약탈·방화·파괴는커녕 질서를 지키며 권력자를 규탄하던 촛불시민은 인류 역사에 새로운 투쟁의 모범이 되었다.

우리는 불의한 권력을 무너뜨리면서 두려움을 극복해왔다. 이번에도 예외가 아니다. 국가와 국민을 위한다며 제 몫만 챙겨왔던 기득권자들이 득세했지만, 더는 두고 볼 수 없게 되었을 때 우리는 싸움에 나섰고 끝내 이겼다. 저들이 부당하고 우리가 옳기 때문에 우리는 싸워야 했고, 반드시 이겨야 하는 싸움이기에 우리는 이기고 있다. 이즈음 읽은 김영하 소설가의《한겨레》기고문이 여전히 머릿속에 맴돈다.

"광장에서는 모두가 불빛이 된다. 하나의 불빛이 발광하며 다른 불빛에게 희망을 암시한다. 내가 타인에게서 희망을 볼 때 타인도 내게서 희망을 본다."

국민의 힘으로
새로운 대한민국을 만드는 일

우리는 이제 막 첫 번째 터널을 통과했다. 그리고 더 어두운 두 번째 터널 앞에 서 있다. 독재자를 끌어내리는 것보다 국민의 힘으로 새로운 대한민국을 만드는 일은 훨씬 더 힘겨운 싸움이다. 대한민국 정부 수립 당시 합의했던 자유와 평등, 평화와 인권 그리고 복지가 살아 있는 통일 조국, 진짜 민주공화국을 만드는 일이다. 우리는 왜 광장에 나섰는가? 단지 독재자를 끌어내리기 위해서가 아니라 제대로 된 민주공화국을 만들기 위해서였다. 내 자식, 형제자매, 이웃이 상식과 도덕, 법과 원칙이 작동하는 공정한 사회에서 함께 살아가길 바라기 때문이다.

이 중요한 일을 여의도와 청와대, 정당과 관료, 언론에만 맡길 수 없다. 그러기에는 우리 인생이 너무 소중하다. 이 세상은 우리가 살아가야 할 터전이며, 국민이 주인인 나라는 국민이 주인답게 행동하고 책임질 때 비로소 완성된다. 호랑이 등에 올라탄 이 기세로 대한민국을 민주공화국으로 완성하기 위한 건국혁명, 피 흘리지 않는 명예혁명, 99%를 위한 흙수저들의 혁명을 이뤄내야 한다.

해방 후 70년이 넘도록 청산되지 않은 친일 기득권 세력, 반대자를 종북으로 몰며 분단을 고착하고 평화와 통일을 방해하는 분단 세력을 이번에 반드시 몰아내야 한다. 이와 함께 우리 삶에서 희망을 빼앗는 극단적인 양극화, 기회의 불평등, 경쟁의 불공정, 불합리한 배분을 청산해야 한다. 그 결정적인 기회를 맞이했다. 지금 못 하면 다시 70년을 기다려야 한다는 각오로 70년 만의 대청산과 대전환을 완료하고 새로운 대한민국, 진정한 민주공화국을 완성하자.

나라다운 나라를
다음 세대에 물려주기 위하여

이 책은 새로운 대한민국, 진정한 민주공화국을 다시 세우기 위한 이재명의 기본 개념을 정리한 것이다. 지난 70년의 적폐를 청산하고 새로운 70년을 설계하는 시점에서 주요 분야마다 꼭 필요한 이슈를 정리했다. 혹자는 이 책의 내용을 정책·공약으로 볼지도 모르겠다. 하지만 그보다는 정치인 이재명의 분야별 정치적 입장으로 읽어주길 바란다. 따라서 정치, 경제, 복지, 외교, 안보에서 어떤 부분을 왜, 그리고 어떻게 혁신해야 할지 정리했다. 아직 부족한 부분이 많을 테지만, 이를 기초로 주권자인 국민 여러분과 함께 풍부하게 채워나가고자 한다. 누구나 그러하듯 나 역시 끊임없이 진화하는 과정에 있는 부족한 사람이다.

끝으로 개인적인 바람이 하나 있다. 늙음은 어느 누구도 피해갈 수 없다. 올해 쉰셋인 나도 늙어갈 것이다. 더 나이 들기 전에 우리 다음 세대에게 제대로 된 나라, 모두가 꿈을 가지고 열정을 바치며 온 사회가 활력으로 넘치는 나라를 넘겨주고 싶다. 적어도 지금보다는 좋은 세상을 물려주고 싶다. 그래서 광장에서 함께 촛불을 든 수십만 명의 어린 학생들에게 빚을 갚고 싶다. 이들이 굴절된 세상에서 좌절하지 않았으면 좋겠다. 뼛속까지 민주주의 의식을 갖게 된 이들에게 우리가 괜찮은 선배 세대로 기억되길 바란다.

2017년 1월 성남에서
이재명

차례

1부

이재명의 정치 혁명

1장
역사 청산

새로운 출발선에 서자

대한민국은
오욕과 부정의 역사를 청산하지 않고서는
진정한 민주공화국이 될 수 없다.

“대한민국은 민주공화국이다. 대한민국의 주권은 국민에게 있고, 모든 권력은 국민으로부터 나온다.”

대한민국 헌법 제1조 1항과 2항에 나오는 대한민국 정부의 제1 원칙이다. 헌데 그 주권자인 국민은 끝없이 절망하고 분노하고 있다. 나라의 근본을 밝힌 이 원칙은 법전 속에만 존재할 뿐 현실과 너무 동떨어져 있기 때문이다. 몇 년만에 한 번씩 돌아오는 선거일에만 주인의 자리를 확인할 뿐 국민 대다수는 지배 대상에 불과했다. 국민을 대상으로 거짓말을 일삼고 심지어 매수하고 위협하며 주인 행세를 해온 이들은 소수 기득권자들이었다.

강한 자를 누르고 약한 자를 도와야 마땅한 정치가 약자 약탈을 돕고 강자를 대변해왔다. 공평해야 할 법이 강자에겐 무기가 되었고 약자에겐 족쇄였다. 힘과 돈을 가진 소수 기득권 세력은 법과 질서를 위반하며 이익을 취했다. 법과 도덕을 위반할수록 더 크게 보호받았다.

자유롭고 평등하며 정의로워야 할 대한민국이 왜 이렇게까지 되고 말았을까? 여러 가지 이유가 있겠지만, 무엇보다도 청산했어야 할 구악(舊惡)들을 처리하지 못했기 때문이다. 지금이라도 해방 후 70여 년간 쌓인 적폐를 바로잡아야 한다. 대한민국은 정부 수립 단계부터 첫 단추를 잘못 끼웠다. 미군정을 등에 업은 이승만 정권은 친일매국 행위자들을 처벌하지 않았다. 오히려 일제에 빌붙어 봉사하며 백성을 수탈했던 친일매국 세력을 군, 경찰, 관료 요직에 중용했다.

1948년 9월 22일 어렵사리 반민족행위자처벌법을 공포했지만, 반민특위는 이승만 정부와 친일매국 세력, 특히 일제 앞잡이였던 경찰 간부들의 방해로 누더기가 되었다. 반민특위법은 제헌국회에서 국회의원들이 주도해서 만든 것이다. 그러나 대통령 이승만은 이 법의 적용을 견제하고 방해했다. 자신의 실질적 권력 기반이 친일매국 세력이었기 때문이다.

이승만은 한국전쟁 당시 혼자 살겠다고 국민을 버리고 한달음에 대구까지 도주했던 인물이다. 그게 지나쳤다 싶었던지 대전으로 되돌아와서는, 서울에 남아 있는 것처럼 행세했다. "서울을 사수하겠다"고 방송한 뒤에 한강 철교를 폭파해버린 것이다. 이로써 피난길은 막혔고, 미처 탈출하지 못한 시민들은 인민군 밑에서 강제 부역을 하게 됐다. 그런데 이승만은 그 무고한 시민들에게 혐의를 씌어 학살했다.

피 흘려 쟁취한 민주주의를 빼앗은 자들

독재와 부정부패로 연명하던 이승만 정권은 결국 국민의 투쟁으로 무너졌다. 1960년 4월 19일 대학생과 교수부터 중·고생, 심지어 초등학생까지 거리에 몰려나와 민주주의를 외쳤다. 막대한 인명 피해가 발생한 뒤에야 이승만은 퇴진했다. 그러나 혁명은 완수되지 못했다. 피 흘려 쟁취한 민주주의인데 박정희가 탱크를 앞세우고 군사쿠데타를 일으켜 강탈해버렸기 때문이다. 일본 왕에게 '개와 말처럼 충성을 바치겠다'(犬馬之勞)는 혈서를 쓰고 일본군 장교로 출세해 독립군을 잡으러 다니던 박정희는 친일매국 세력을 청산하기는커녕 그 변종을 키워나갔다.

불균형 발전, 재벌 체제 형성 등 부패 기득권 세력을 확대하고 강화하면서 간첩조작과 긴급조치를 이용해 철권

통치를 이어갔다. 이후 박정희 군사정권은 김재규의 총탄에 무너졌지만 이번에도 역사는 청산되지 않았다. 이미 막강한 자본을 소유하고 정치, 군사, 행정, 사회, 문화 각 영역에서 확고히 자리 잡은 친일·독재·부패 세력은 새로운 시대에 맞는 새로운 방식으로 힘을 키우고 결탁하면서 세력을 굳혔다.

박정희 체제가 급작스럽게 무너졌을 때, 국민은 새로운 정치질서를 꿈꾸고 민주적인 미래에 대한 기대로 들떠 있었다. 하지만 그해 12월 12일 당시 보안사령관이었던 전두환과 신군부는 또 다시 군사쿠데타를 일으켰다. 그리고 1980년 5월 신군부는 광주에서 국민이 준 총칼과 몽둥이로 무고한 국민 수백 명을 학살하며 지배자로 당당히 귀환했다. 1987년 6월에는 다시 군사독재에 대한 항쟁이 거세졌다. 6월 전국의 거리 곳곳에서 최루탄과 백골단에 맞서며 수많은 사람들이 희생하고 온 국민이 투쟁한 대가로 새로운 시대가 열리는 듯했다. 하지만 이 또한 기만적인 6·29선언으로 미완의 혁명에 그치고 말았다.

친일·독재·부패 세력은 여전히 우리 사회의 모든 영역에서 대한민국을 지배하고 있다. 그 실체가 바로 새누리당을 포함한 정치 기득권 세력이고, 그들에게 끊임없이 자양분을 제공하는 뿌리는 경제권력, 즉 재벌이다. 한때 정치권력에 기생했던 경제권력은 신자유주의 사조를 만나면서 확실하게 중심 권력의 자리를 꿰차게 되었다. 부침을 거듭하는 정치권력을 조종하는 영구적인 지배권력에 등극한 것이다.

국면마다 얼굴을 바꾸며 세를 확장해온 친일·독재·부패 세력은 자신들의 역사적 과오와 얼룩진 진실을 영원히 지우고 미화하기 위해 애써왔다. 그들은 헌법이 명시한 3·1독립만세혁명 그리고 임시정부의 법통을 이어온 대한민국의 정통성을 부인한다. 대한민국 정부가 수립된 1948년 8월 15일이 대한민국의 '건국일'이라고 주장한다. 심지어 한국사 교과서 국정화라는 시대착오적인 조치를 추진해서 5·16 군사쿠데타를 칭송하고 독립운동의 의미와 가치를 축소하는 역사 왜곡을 자행하고 있다.

프랑스는 제2차 세계대전 당시 나치에 부역하며 국가에 반역한 이들을 아직도 추적 처벌한다. 나치 부역자가 그 대가로 지위와 명성, 권력과 부를 누리는 것은 상상조차 할 수 없다. 그 반대로 우리 사회는 시간이 지날수록 친일 부역자들이 오히려 큰소리를 치며 화려하게 복귀하는 중이다.

대한민국은 오욕과 부정의 역사를 청산하지 않고서는 진정한 민주공화국이 될 수 없다. 이대로는 '국민이 주인인 나라, 모두가 함께 만들어가는 대한민국'은 영원히 멀어지고 만다.

국가는 소수 기득권자를
위한 것인가?

국민이 곧 국가다. 국가는 국민을 위해 존재하는 것이고, 국가의 제1 의무는 국민의 생명과 안전을 지키는 것이다. 전쟁과 질병, 재해로부터 국민의 생명과 안전을 지키기 위해 막대한 혈세를 투입하는 것 아닌가. 국민들이 목숨을 바치는 까닭도 우리 공동체를 수호하고 궁극적으로는 나의 생명과 안전을 지키기 위해서이다.

그런데 국민으로부터 권한을 위임받고 세금을 받아 살림하는 대한민국 정부의 현주소는 어떤가? 세월호 참사나 메르스 사태에서 대한민국 정부가 보여준 위기관리 능력은 처참했다. 위기관리는커녕 국민의 생명을 담보로, 그 위기를 이용해 소수의 이권을 챙기기에 급급했던 모습은 국민을 깊은 절망과 좌절로 몰아넣었다. 국가를 기득권 집단의 사적 소유물이나 사적 이익을 도모하기 위한 도구로 인식한 데서 비롯된 생명유린 행위다.

국가는 국민이 최소한의 인권과 인간다운 삶을 누리게

해주고, 구성원들이 합리적이고 공정한 경쟁을 거쳐 각자의 자질과 역량을 최대한 발휘하게 해야 한다. 이를 위해 정치는 가장 중요한 역할인 억강부약의 정신을 잃으면 안 된다. 사람의 욕망은 한이 없다. 강자가 약자를 약탈하는 것을 막고 함께 사는 세상을 만드는 것이 바로 정치와 행정의 역할이다. 역사를 돌아봐도 정치와 행정, 다시 말해 권력이 가진 자의 수탈을 방치하고 나아가 수탈에 가세하면 그 체제는 위기를 맞거나 심지어 종말을 고했다.

어떤 나라가 되어야 하는가? 해방 후 우리가 합의했던 민주공화국의 가치가 살아 숨 쉬는 나라를 만들자. 모든 국민이 실질적으로 평등하고 자유로우며 공정한 경쟁 속에서 기여한 만큼 분배가 보장되는 정의로운 나라, 인권과 복지가 보장되고 평화롭고 안전하며 통일된 나라를 반드시 이뤄내야 한다. 그래야 국민들은 희망과 꿈을 되찾고 열정을 바칠 것이며, 자원과 기회와 역량을 최대한으로 발휘해 국가도 발전하게 된다. 출산을 포기하고 인구 감소 끝에 종족 절멸을 걱정해야 하는 나라가 아니라 부푼 마음으로 미래를 그릴 수 있는 나라가 되어야 한다. 활력이 넘치는 나라를 만들려면 반칙과 특권, 불법과 편법이 난무하는 부당한 기득권 체제를 무너뜨려야 한다.

그 뿌리인 친일·독재·부패 세력을 청산하고 공정한 새 질서를 만들어야 한다. 늦었다고 생각할 때가 가장 빠른 때다. 70년간 쌓인 폐단을 청산하고 새로운 70년을 준비할 때가 바로 지금이다.

세계 곳곳에서 99%가
일어서고 있다

지금 전 세계적으로 1980년대부터 본격화된 '신자유주의 세계화'라는 경제질서가 심각하게 도전받고 있다. 기성의 정치 세력과 체제에 도전하는 비주류, 아웃사이더, 변방 세력들이 좌·우파를 불문하고 세계를 뒤흔들고 있다. 미국 대선의 민주당 버니 샌더스 열풍과 공화당 도널드 트럼프의 승리, 그리스 시리자(급진좌파연합)의 집권, 이탈리아 오성운동, 스페인 급진좌파 포데모스, 그리고 유럽 각국에서 세력을 확대하는 극우 또는 우파민족주의 정당들인 영국독립당, 프랑스의 국민전선, 네덜란드의 자유당, 오스트리아의 자유당, 노르웨이의 진보당, 핀란드의 핀란드인당, 덴마크의 덴마크국민당 등이다.

　좌우를 가리지 않는, 이 세계적인 현상의 근원은 놀랍도록 똑같다. 그것은 그동안 얌전히 기성 체제에 순응해왔던 평범한 시민들이 엘리트 중심의 기성질서에 도전한다는 것이다. 99%의 국민들, 열심히 일하고 나라에 충성하며 시민의 의무를 다해왔던 국민 대중이 정치, 경제, 사회, 문화를 지배해온 엘리트 기득권에 맞서 일어나고 있다. 언제나 기득권의 동원 대상에 불과했던 주권자 대중이 '공화국의 주인'으로서 자신의 위치를 회복하고 주권자로서의 소망을 직접 실현하는 '무서운' 일이 곳곳에서 벌어진 것이다.

첫째는 신자유주의 세계화가 초래한 심각한 불평등과 불공평이 이유가 되었고, 둘째는 정보화와 네트워크를 통해 모래알에 불과했던 주권자 집단이 '집단지성을 가진 유기적 인격체'로 진화했기 때문이다. 견디기 어려운 불평등한 환경에 처한 대중은 공정한 사회를 강하게 열망하게 되었고, 힘은 없지만 다수인 대중이 네트워크와 정보화를 통해 긴밀한 연대를 형성해나갔다. 주권자 대중은 어느 때보다 빨리 소통하고 의견을 모으면서 정치적 열망을 조직하고, 스스로 행동에 나서고 있다.

신자유주의 세계화가 판치는 세상에서는 거대한 글로벌 자본이 전 세계 시장을 상대로 막대한 이익을 얻어간다. 그 이익은 성실하게 일해온 국내 중산층에게 돌아가야 할 몫이었다. 체제와 정치가 마땅히 지향해야 할 조정과 균형 역할을 포기한 대가로, 심지어 강자 편을 들어 강자에게 이익이 몰리면서 약자와의 불평등은 심각한 수준에 이르렀다.

역사 속에서 국민 대중은 침묵하거나 차선책을 택하는 일을 반복했다. 국민은 다수이지만 수중에 권력이 없었다. 기본적으로 직접민주주의 형태가 바람직하다. 하지만 지리적 여건과 대규모 인원이라는 점 때문에 공동의 의사결정과 집행이 불가능해 대의민주주의를 선택할 수밖에 없었다. 선출된 대리인은 대중의 이상과 기대와는 무관하게, 실은 선출된 순간부터 대리인이 아닌 지배자로 군림했다. 정치가 국민의 이익이 아닌 사적 이익에 매몰되어 나라의 주인인 국민을 언론과 조직, 돈, 영향력을 이용해 지배 동원했다.

여태껏 국민은 정치적 무관심으로 도피하거나 울며 겨자 먹기 식으로 제시된 답 중에 가장 덜 나쁜 것을 골라야 했다. 개별적으로 분산된 주권자들은 정치와 언론이 주는 정보에 조종당했고, 실상을 간파하더라도 이를 전파하고 요구를 모아 주장할 도구를 갖지 못했다.

그렇게 약자이기만 했던 국민들이 이제는 직접 나서는 게 전 세계적인 현상이 된 것이다. 국민들은 목소리를 내고 연대하고 정보통신 발달에 힘입어 SNS 등 네트워크로 촘촘히 연결되었다. 언론의 정보 독점이 무너지고 주권자 대중 스스로 정보를 생산하고 전파한다. 의견을 만들고 수렴해 지역이나 규모에 구애받지 않고 정치적 요구를 주장하고 관철할 수 있게 되었다. 즉 직접민주주의를 현실에 구현할 수 있는 상황이 도래한 것이다. 결국 국민의 뜻을 존중하지 않는 지배적인 정치시스템을 거부하고 국민이 정치의 전면에 나섬으로써, 각 나라에서 그간 민주주의라는 이름하에 '지배하고 통치'를 일삼던 구체제가 무너지고 있다.

2011년 미국의 월가 점령시위에서 시작된 미국 주권자 대중의 반란은 미국 대선의 샌더스, 트럼프 돌풍으로 나타났다. 그런데 대한민국은 이보다 훨씬 더 극적인 변화를 맞을 가능성이 크다. 대한민국 국민은 미국 국민보다 훨씬 역동적이며, 정보통신 발달에서 앞서 있고 불평등과 불공정 격차는 더 크다.

이미 한국도 2016년 총선에서 놀라운 결과를 얻었다. 종편 등 보수언론이 활개를 친 선거에서 정치인과 전문가들은 한결같은 목소리로 집권여당의 압승을 점쳤다. 여론조사 역시 마찬가지였다. 그러나 미국 대선 결과가 예측을 완전히 빗나간 것처럼, 한국의 총선도 정반대 결과를 보였다. 보수언론은 국민을 속이는 데 성공했다고 믿었지만, 실제로는 오히려 국민에게 '속았다'는 것이 드러났다. 대중은 과거의 대중이 아니었다. 왕조시대에 천심 또는 민심으로 불리던 대중의 집단의지는 언제나 두려운 존재였지만 형성 과정이 느리고 그 힘도 미약했다. 이번에 확인된 민심은 과거와 전혀 달랐다.

여태껏 주권자의 주권의지라는 것은 정보와 조직을 사실상 독점한 언론과 정치 세력이 왜곡하고 조작하는 대상일 뿐이었다. 하지만 이제는 신경망처럼 복잡하고 중층적으로 연결된 네트워크 덕분에 집단지성이 쉽고 빠르게 형성된다. 완전하다고 할 수는 없지만, 진실과 합리와 공리에 기초한 국민의 집단지성은 소수 기득권자들의 허위와 이기와 불의를 용납하지 않는다. 네트워크로 연결된 주권자들은 정보화기기를 이용해 신속하게 정보를 전달받고, 제시된 정보에서 진실과 허위를 가려낸다. 합리적인 의견을 만들고 시공간의 한계를 넘어 정치적인 의사를 조직하고 이를 정치 대리인에게 요구해 관철해낸다.

청산과 새 출발,
명예혁명의 완성

교과서와 법전 안에서만 나라의 주인이던 대한민국 주권

자들이 깨어나고 있다. 우리는 이제 부정한 기득권 세력을 제압하고, 공정하고 평등하며 자유롭고 정의로운 세상을 만들어야 한다. 실패한다면 대한민국의 존속을 걱정해야 할 절체절명의 위기에 놓일 것이다.

앞에서도 말했듯이, 다수 국민이 희망을 가질 수 있는 나라를 만들기 위해서 가장 먼저 할 일은 친일·독재·부패 세력을 제거하는 일이다. 그런데 기득권 세력의 저항을 극복하고 공정한 나라를 만드는 일은 전혀 단순하지 않다. 엄청난 용기와 결단, 그리고 이를 뒷받침하는 국민적 에너지가 필요하다. 단지 권력 담당자를 교체하는 것만으로 기득권 구조를 깨고 공정한 사회로 새 출발하는 일이 실현되진 않는다. 국민 개개인의 변화를 향한 혁명적 에너지가 한데 모여야 정상적인 권력으로 교체가 가능하다. 그런 혁명적인 에너지가 뒤를 든든히 받쳐줄 때, 비로소 권력은 오로지 국민을 위해서 행사될 수 있다. 여소야대 국회에서도 개혁적인 입법을 제대로 하지 못하는 현실이 이를 잘 말해준다.

박근혜 게이트는 국민의 저항에 불을 질렀다. 국민들의 주권의식과 저항의지를 촉발한 박근혜-새누리 게이트는 적폐를 청산할 절호의 기회를 만들고 있다. 머리 박근혜, 몸통 새누리당, 뿌리 재벌로 이뤄진 이 나라의 부패하고 무능하고 부도덕한 기득권 집단이 그 추한 민낯을 적나라하게 드러냈다. 이번에야말로 70년이 넘도록 얼굴을 바꾸어가며 이 나라를 지배해온 친일·독재·부패 세력을 국민의 힘으로 청산할 때다. 모든 영역에서 득세해온 기득권 세력을 청산하고, 자유·평등·인권·복지·안전이 보장되는 공정하고 안전한 나라를 만들어내는 것이야말로 민주공화국 건설의 마지막 점을 찍는 일이다.

2장
유능한 진보

Think? Act!
문제는 실천의지와 능력

국민들은 이제 진영 논리를 넘어
실력과 실적 그리고 이를 증명할 구체적 증거를
요구하고 있다.

민중은 지금까지 나라를 위해서가 아니라 스스로 살아남기 위해 싸웠다. 동학혁명, 3·1독립만세혁명, 4·19혁명의 현장에서 싸웠고, 1980년 5월 광주에서, 1987년 6월 항쟁 현장에서 싸웠다. 그러나 국민이 주인이 되기 위한 우리의 혁명은 여전히 미완성이며 아직도 진행 중이다.

오늘날 대한민국은 세기말적 위기를 맞고 있다. 이 나라의 미래를 책임지고 꿈과 희망을 노래하며 '고생은 사서도 할 만큼' 기회와 가능성을 가져야 할 청년들이 '헬조선'을 외치며 연애, 결혼, 출산, 취업을 포기하고 있다.

노동자들은 어떤가? OECD 국가 중 두 번째로 많이 일하면서도 시간당 임금이 OECD 평균치의 3분의 2 수준에 불과하다. 직장에서 밀려나 자영업자가 된 이들은 가족노동으로 최저임금에도 못 미치는 수입을 얻는다. 그나마 연간 80만 개 영업장이 문을 닫는 추세다.

　기성세대는 빵을 만드는 데 성공했는지는 몰라도 건강한 빵을 만드는 데 실패했고, 빵을 나누는 데 크게 실패했다. 국민은 깊은 우울증에 빠져 있다. 나라의 존속을 걱정할 수밖에 없는 상황인데도, 정치·경제·행정 곳곳에서는 특권과 특혜를 누리는 소수 기득권자들이 "이대로 영원히"를 외치고 있다.

　지금 대다수 국민들은 불평등, 불공정과 이로 인한 격차로 심각하게 고통받고 있다. 공정한 세상 만들기는 더 미룰 수 없는 과제다. 격차 해소와 공정질서 회복, 기회균등은 기득권자들의 자발적 양보를 통해서 이루기는 불가능하다. 목마른 사람이 우물 파듯이 잘못된 시스템으로 피해를 보는 다수 국민들이 자기 손으로 권리를 찾아야 한다.

　민주주의 체제는 불완전하기는 하지만 주권자 다수의 뜻이 관철될 수 있는 1인 1표주의이므로 대중이 힘을 합쳐 요구하면 무엇이든 할 수 있다. 김대중 대통령은 '민주주의는 떼를 쓰고 악을 써서 쟁취하는 것'이라고 말하기도 했다. 지금은 떼를 쓰고 악을 써서 우리 사회의 가장 기본적인 작동원리를 바로잡아야 할 때다. 그것이 바로 정치고, 국민 중심의 정치는 국민의 참여로 만들어진다.

　위기는 빠른 변화를 만들어낼 수 있다. 박근혜 게이트

로 집결된 분노는 다른 정치, 다른 민주주의에 관한 요구
로 이어질 수밖에 없다. 그런데 한 가지 알아둘 점은, 기
회가 너무나 줄어든 저성장 시대에 국민의 정치적 선택
은 이전처럼 여유롭지 않다는 것이다.

달라진 시대,
국민은 엘리트 정치인을 선택하지 않아

국민의 선택 기준이 바뀌었다. 이제 국민은 자기에게 이
익이 되는 정치 세력을 선택한다. 얼마 전만 해도 유명하
고 지위가 높으며 가문과 스펙이 좋은 사람이 선택될 가
능성이 높았다. 고도성장 사회에서는 기회, 즉 선택의 여
지가 많았다. 따라서 한두 번 잘못 선택해도 얼마든지 만
회할 수 있어서 선택할 때 여유로웠고 방심한 측면도 있
었다. 쉽게 결정했고 보기에 좋은 것을 선뜻 골랐으며, 잘
못 골랐어도 별 손실이 없었다.

그러나 성장이 멈추고 기회가 줄어들며 불평등이 확대
되고 살기가 팍팍해진 시대에는 한 번 잘못한 선택이 심
각한 문제를 초래할 수 있다. 따라서 대중의 소비는 점차
검소해지고 있고, 생활습관도 실용적으로 변해가고 있
다. 그것이 정치적 선택과 결정에도 영향을 미치기 시작

한 것이다.

한때는 우리 선거도 유명인사를 내세우면 무조건 선택을 받았다. 하지만 지난 2014년 7·30 보궐선거에서부터 2016년 4·13 총선에 이르면서 실질적 역량과 지역적 근거를 갖춘 정치인을 선택하는 경향이 강해졌다. 국민들은 고관대작을 지낸 정치인에게 묻게 될 것이다. 국민이 준 지위와 권한을 가지고 어떤 공적 성과를 냈는가? 또 오로지 국민과 국가를 위해서만 행사해야 할 그 공적 권한을 이용해 사적 이익을 취하지는 않았는가? 공적 의무를 제대로 이행하지 못한 과거의 화려한 공직 경력은 장점이 아니라 오점이 될 것이고, 사적 이익을 위해 권력을 남용했다면 치명적 약점이 될 수밖에 없는 상황으로 정치 환경은 급변하고 있다.

이런 현상은 최근의 일이다. 보수의 이름으로 자신을 은폐한 수구 기득권 세력은 '보수는 부패하지만 유능하다' '진보는 깨끗하지만 무능하다'는 프레임을 만들었다. 또한 끊임없이 선동하며 '무능한 진보' 프레임을 만들었다. 부패 기득권 세력은 자신들의 무능과 부패를 보수라는 이름으로 포장해 보호받으면서, 상식과 정의와 합법을 요구하는 전통적 의미의 보수 세력을 진보라 명명하고 종북좌파와 연결시켜 공격했다. 사실 우리가 합의한 헌법적 가치와 법질서 원칙, 상식과 도덕을 회복하고 지키자고 주장하는 것은 교과서적으로 보면 보수이다. 그와 대조적으로 진보란 기존의 법질서와 원칙, 가치를 급격하게 바꿔 새로운 질서와 가치를 만들자는 것이다.

우리 사회에서 더불어민주당의 주장과 정책을 진보라고 하는 것은 사실 정확한 지적이 아니다. 나에게도 일부 진보적인 요소가 있지만, 헌법과 법질서, 상식과 도덕이 통하는 나라를 만드는 것이 지금 가장 중요한 과제라고 생각하기 때문에, 유럽 정치나 교과서적으로 따지면 중도보수 정도로 보는 것이 맞다. 내가 복지 확장을 주장하고 성남시에서 증세 없이(우리나라 자치제도상 증세는 불가) 부정부패 일소, 예산 낭비 축소, 탈루 세금의 철저한 관리를 통한 복지 확대를 해왔다고 해서 진보적이라고 하는 주장도 있다. 그러나 국민의 세금을 안보와 질서유지 영역에 필요한 만큼 우선해서 쓰되 최소화하고, 비용을 최대한 아껴 국민의 삶을 개선하는 데 최대한 많이 쓰라는 것은 헌법 34조 2항(국가는 사회보장·사회복지의 증진에 노력할 의무를 진다)에 부합하는 것이다. 우리가 합의한 헌법질서를 따르는 것을 두고 진보적이라고 논하는 건 말이 되지 않는다. 부패 기득권 세력의 엄폐물인 '가짜 보수'를 경계하고, 진정한 의미의 보수와 엄격히 구분해야 한다. 가짜 보수는 우리 사회에서 철저히 제거해야 한다.

중도이동론은 허상,
결국 실력이 좌우한다

진보(전통적 의미의 보수지만 진보로 지칭되는) 영역이 확장성이 있는지, 국민의 지지와 믿음을 획득할 수 있는지를 살펴보자.

만약에 '무능한 진보'라는 프레임을 깨고 실력과 실적을 입증하여 진보가 '깨끗하면서 유능하다'고 평가된다면 국민은 '부패하지만 유능한 보수'를 선택할까, '깨끗하고 유능한 진보'를 선택할까? 생각할 필요도 없다. 무조건 또는 주로 1번이나 2번을 선택하는 즉 정치적 정체성이 분명한 사람이 아닌 부동층(중도층 또는 스윙 보터)은 자신에게 이익이 되는 쪽에 투표하며 이해관계에 민감하다. 이들의 지지를 획득하는 방법은 실력과 실적을 근거로 믿음을 주고 좋은 정책을 제시하는 것이지, 정체성을 숨기고 소위 진보와 보수의 중간쯤으로 포지션을 이동해 애매한 태도를 취하는 게 아니다. 이러한 태도는 중도와 건전한 보수의 의심과 비웃음만 사기 십상이다. 부동층의 지지를 획득하려면 정체성(진보로 불리지만 다수 국민에게 이익 되는 합리적인 정책)을 분명히 하고 그 정책을 확실히 실행할 것이라는 믿음을 줘야 한다. 그 믿음은 말과 약속이 아니라 과거의 실적과 증거에서 만들어진다.

강남벨트로 불리던 분당의 정치지형 변화를 그 예로 들 수 있다. 전통적으로 보수정권에 압도적 지지를 보냈던 '천당 옆의 분당'은 민선 지방자치 5기와 6기를 지나며 상당히 변화하게 된다. 나는 민선 5기 선거 때는 분당에서 상당한 열세였지만 성남시장 취임 후 정부와 심한 갈등을 겪으며 복지정책 강화 등 이른바 '진보적' 정책을 밀어붙였음에도, 민선 6기 시장 선거에서 압도적 지지를 받았다. 분당 주민의 정치적 선택과 분당의 정치지형이 바뀌었기 때문이다. 재선 후 더 공격적으로 복지를 확대하고, 이를 저지하려는 정부와의 충돌이 심각해졌는데도 2015년 시정만족도에서 본시가지보다 분당이 훨씬 높게 나타나는 기현상이 나타났다. '강남벨트' 분당이 '과격한 진보' 이재명을 배척하기는커녕 '공약 이행률 96%, 모라토리엄 극복, 증세 없는 복지 확대'라는 성과를 보고 높은 지지를 보내는 것이 이를 증명한다.(2016년 4·13 총선에선 민주당이 분당 국회의원을 싹쓸이했다.) 보수 성향 유권자 입장에서도 자신의 이익을 대변해줄 수 있다면, 게다가 부정부패 없이 능력을 갖추고 있다면, 그 정치인의 정치적 성향이 어떠하든 능력 있는 지역일꾼에게 한 표를 행사하게 되는 것이다.

이 글을 쓰고 있는 2016년 12월 대선후보 선호도 여론조사에서도 이를 증명하는 수치를 발견할 수 있다. 조사 결과를 보면 중도 이동으로 지지 확장을 시도한 문재인 전 민주당 대표의 지지자보다 원칙을 정하고 타협 없이 밀어붙인 '이성남'(기초자치단체 성남시장이라고 이재명을 낮춰 부르는 말)의 지지자 중에 보수와 중도 비중이 상대적으로 더 크다. 세상을 보수와 진보로 나누는 진영 논리, 진보 유권자보다 보수 유권자가 많다는 '기울어진 운동장' 논리는 과거에는 유효했지만 이제는 아니다. 국민들은 이제 진영 논리를 넘어 실력과 실적 그리고 이를 증명할 구체적 증거를 요구하고 있다.

그럼에도 우리 정치권에는 '중도확장론'이라는 실체 없는 유령이 떠돌고 있다. 기울어진 운동장 논리를 극복하기 위한 제법 유력한 집권 방안으로 20년째 제시되고 있다. 이 유령은 노동자, 서민, 중산층을 위한 당연한 정책을 과격한 진보라 낙인찍고 우향우를 강요한다. 평화를 위해 북한과 대화해야 하고 경제를 위해 통일하자는 당연한 상식을 주장하면 종북으로 매도당할 수 있으니 군복 입고 휴전선을 찾게 만든다. 이들은 1997년 대통령

선거에서 김대중이 김종필과 연대해 승리한 것을 대표적 사례로 든다. 그러나 그렇지 않다. 2002년 노무현의 승리는 정몽준에 연연하지 않는 단호함의 승리였다. 중도확장론에 대해 나는 홍상수 감독의 영화 제목을 변주해 '그때는 맞고 지금은 틀리다'고 판단한다. 김대중과 노무현의 2승을 거치면서 진보의 외연이 넓어졌고, 3승을 바라보는 지금은 진보냐 보수냐가 아니라 유능하냐 아니냐가 더 중요한 기준으로 자리 잡았다. 더 진실에 부합하게 말하면, 지금 진보로 지칭되는 영역은 사실 보수이고, 보수로 지칭되는 영역에는 가치를 논하기도 어려운 '부패 수구 기득권 세력'이 많다. 그렇기 때문에 자신감을 갖고 당당하게 내 주장을 내세우며 국민에게 호소해야 선택받을 수 있다.

중도층보다는 부동층이라는 표현이 더 정확하다. 자기이익에 부합할 정치 세력을 선택하지 못한 스윙 보터(Swing Voter)의 판단 기준은 '실적과 증거'로 뒷받침되는 좋은 정책이다. 실체 없는 '중도' 지역에 러브콜을 보내며 정체성을 포기한 채 왔다 갔다 하면 능력과 정체성을 의심받을 뿐이다. 똑똑한 부동층을 믿고 소수 기득권자가 아닌 다수 국민에게 이익이 되는 정책과 포지션을 버리지 않아야 한다. 결국 실력이다. 유려한 말과 생각으로 헛

그림을 그릴 게 아니라 국민의 손에 제대로 된 제품을 쥐어주는 것이 핵심이다. 이것이 일개 기초자치단체인 성남의 시장 경력 6년 만에 이 자리까지 달려온 변방 장수 이재명의 생존기이며 성장기이다. 결국 '유능한 진보'임을 증명하는 것이 승리의 길이다.

'진보' 측이 정책이 없거나 부족해서 할 일을 하지 못하는 것일까? 정책이 문제가 아니라 목숨을 걸고 기득권과의 한판 전쟁을 할 의사나 용기가 있는가가 더 중요한 문제다. 분명히 말하는데 Think보다 Act!이다. Think Tank보다 Act Tank가 더 절실하다.

3장
검찰 개혁

적폐의 심장, 검찰을 정조준하다

독립을 보장하고, 책임자가 바르고 정확하게
방향을 제시하면 시간은 걸릴지라도
검찰은 정상적으로 작동할 것이다.

국가는 모두를 위한 정의를 실현해야 한다. 검찰은 여러 영역의 정의 중 최후의 보루라고 할 수 있는 사법 영역의 정의를 실현하는 기관이다. 어떤 영역보다 가장 정의로 워야 할 대한민국 검찰은 지금까지 국민과 국가가 아니라 권력에 봉사해왔다. 권력을 호위하다가 권력이 흔들리면 하이에나가 다리 부러진 사자에게 달려들 듯 물어뜯었고, 다음 정권에서 살아남는 데 쓸 정보를 입수했다. 이것이 지금까지 검찰이 사는 방식이었다.

검찰이 평상시에 제 역할을 어느 정도 수행했다면 나라가 이 지경에 이르지는 않았을 것이다. 검찰이 제대로 권력을 감시했으면 최순실과 그 일당이 벌인 상상을 초월하는 국정농단, 대통령을 포함한 주변 권력이 영역을 가리지 않고 저지른 황당한 집단범죄가 어떻게 가능했겠는가.

문제의 근원은 대한민국 검찰이 태생부터 사법정의 구현과 인권 보루로서의 역할을 부여받지 않았다는 데 있다. 1912년 일제의 초대 총독 데라우치 마사타케는 식민지 조선을 효과적으로 지배 통치하기 위해 '조선형사령'을 공포했다. 그 핵심 내용은 독립운동가들을 손쉽게 때려잡기 위해 검찰에게 수사권과 기소권은 물론 기소하지 않을 권한(기소편의주의)까지 몰아준 것이었다. 현재 검찰이 수사권, 기소권을 독점하고 있는 뿌리가 거기에 닿아 있다. 해방 후 친일청산이 좌절되면서 검찰이 새롭게 태어날 수 있는 기회도 사라졌다. 친일매국 세력이 기득권을 유지하고 확대 강화해온 지난 70년 동안 검찰은 권력의 호위무사로 유착하면서 권력을 더욱 키워왔다.

검찰권은 국민으로부터 나온 것이고 국민을 위해서 행사되어야 한다. 하지만 너무도 당연한 이 명제가 전혀 작동하지 않고 있다. 대한민국과 대한민국 검찰의 비극이다. 검찰은 우리 사회의 공적 영역 중에서 민주적인 통제를 받지 않는 거의 유일한 영역이다. 뇌물은 수표나 통장이 아닌 현금으로 받는다는 국민적인 상식을 어기고 수억 원의 부정한 돈을 자기 이름의 계좌로 버젓이 받다가 발각된 어떤 검찰 간부의 배짱은 검찰권이 실제로 어떻게 행사되고 있는지 적나라하게 보여준다. 검찰은 앞서

언급한 수사권, 기소권 독점과 함께 기소하지 않을 권리,
공소유지권, 법집행권 등 형사사법상의 모든 권력을 틀
어쥐고 있다. 검찰은 이러한 무소불위의 권력에 안주하
면서 괴물이 되어왔다. 검찰 개혁은 사회 개혁의 최우선
순위가 될 만큼 우리 사회의 절박한 과제가 된 것이다.

검찰 개혁,
기득권 체제 청산의 틀에서 보라

검찰 문제는 수구 기득권 세력의 행태를 상징적으로 보
여준다. 거듭 말하지만, 검찰이 권력의 시녀로 전락한 것
은 청산하지 못한 친일매국 세력이 권력을 장악한 데 있
다. 나는 우리 사회에 여전히 강고하게 뿌리박고 있는 친
일 세력 척결을 시종일관 주장하는 좀 드문 정치인이다.
청산하지 못한 역사의 폐해가 한국 사회의 온갖 병폐를
낳았고, 지금도 확대재생산되고 있기 때문이다. 나라를
팔아먹고도 책임지지 않았으며, 여기에 그치지 않고 해
방된 이 나라의 주류가 된 친일매국 세력은 자신이 매국
대가로 호의호식한 것은 물론 자손들에게까지 권력과 부
와 지위를 상속하면서 사회의 전 영역을 장악해왔다. 검
찰 개혁이 검찰만을 대상으로 해서는 안 되고, 우리 사회

에 얽혀 있는 기득권 체제를 청산하는 과정을 거쳐야 한다고 주장하는 까닭이 여기에 있다.

우리 사회의 재벌로 표현되는 경제권력과 부패한 정치세력은 사실 뿌리가 같다. 그리고 검찰, 경찰, 군, 국정원, 국세청 등 권력기관은 그들의 손발이다. 따라서 검찰 권력을 통제하는 것은 검찰만 문제 삼아서 될 일은 아니다. 검찰 개혁을 위해 아무리 좋은 제도를 마련한다고 해도 그것은 쉽게 깨질 수 있다. 이번에 국민들이 선두에 선 명예혁명은 반드시 국민을 위한 합당한 새 정치권력의 선출로 이어져야 한다. 그 정치권력은 재벌 경제권력과 함께 우리 사회의 가장 강력한 권력이 되어버린 검찰을 이번만큼은 확실히 혁신해야 한다. 혁신의 요체는 기소권과 수사권 등 권한을 분산하고, 무엇보다도 외부 권력의 개입에 영향을 받지 않는 독립적 인사체계를 확보하는 것이다.

검찰 지휘자의 가치관은 무척 중요하다. 공무원들은 자기 조직의 지휘자가 무엇을 원하는지 너무 빨리 알아낸다. 지휘자가 어떤 철학을 갖고 검찰을 운영할지 기본 방향만 명확히 제시해도 공무원인 검사들은 따라오게 되어 있다. 독립을 보장하고 책임자가 바르고 정확하게 방향을 제시하면 시간은 걸릴지라도 검찰은 정상적으로 작동할 것이다. 검찰을 포함한 공무원 관료 조직은 '로봇태권브이' 같은 존재다. 강력한 힘과 조직력을 자랑하지만 통제실에 누가 앉느냐에 따라 엄청난 위력을 발휘하기도 하고 고철덩어리에 불과할 수도 있다. 결국 검찰 수뇌부에 권력에 아부하는 해바라기성 인사나 무소신 인사가 들어가면 검찰은 권력에게는 도구, 가진 자에겐 무기, 평범한 국민들에게는 두려운 존재가 된다.

검찰 개혁의 완결은 검찰의 독립성과 민주적 운영을 보장하는 것이고, 본질적으로는 국민이 검찰을 감시하는 시스템을 만드는 것이다. 따라서 검찰권에 대한 국민들의 직접적 통제 방안을 여러 가지로 찾아내야 한다. 그중 하나가 지방검찰청 검사장 직선제다. 미국처럼 검사장을 주민이 직접 선출하게 되면 동일한 권한을 가진 지방검찰청 간에 상호견제가 가능해진다. 선출된 검사장은 차기 선거에서 재신임을 얻기 위해 국민을 의식하지 않을 수 없게 되어 결국 국민에 의한 검찰 통제가 가능해진다. 선출된 검사장의 전횡을 막기 위해 임기 중이라도 파면시킬 수 있는 주민소환제가 함께 도입되어야 한다. 또한 검사장 직선제를 전제로 검찰의 인사·기획·행정 등은 독립 기구에서 담당하도록 해서 검사는 수사·기소·공소유지 등 본래 업무에만 전념하게 해야 한다.

검찰 제도 개혁과 함께
인사권자를 잘 뽑아야

검찰과 경찰 간에 수사권을 분리해 조정(검경 수사권 조정)함으로써 검찰권을 견제하는 방안도 필요하다. 검찰이 수사권과 기소권을 모두 독점하는 것은 일제가 독립운동을 손쉽게 탄압하기 위해 마련했던 비정상적 조치였다. 대한민국처럼 검찰이 수사권과 기소권을 독점하고 있는 나라는 세계적으로 비슷한 사례를 찾기 어렵다. 지금도 경찰은 거의 모든 수사 사건을 처리하면서도 검찰의 지휘를 받고 있다. 한편, 검찰은 수사권과 기소권을 독점하면서도 아무런 견제를 받지 않는다. 여기에 기소편의주의까지 더해져 검찰은 그야말로 무소불위 권력이 되어버렸다. 이제 검찰과 경찰 사이에 수사권을 분리 조정함으로써 검찰과 경찰이 상호 견제하도록 해야 한다.

고위공직자비리수사처 도입은 가장 시급한 일이다. 지금까지 검찰은 살아 있는 권력에는 약하고, 죽은 권력에는 가혹한 모습을 보여왔다. 최근 박근혜 대통령에 대한 수사도 처음에는 수사 불가 입장을 보였다가 국민적 비난에 직면하자 뒤늦게 수사에 나서는 모습을 보였다. 검사 출신인 김기춘, 우병우에 대해서는 수사 한 번 제대로 못 했다. 권력의 뜻에 따라 수사를 하다가도 덮어버리고, 그러다가 필요하면 다시 수사를 재개하는 이런 행태는 검찰권 남용이자 직무유기다. 검찰이 이렇게 된 이유는 검찰 인사권이 대통령에게 있기 때문이다. 따라서 대통령으로부터 독립된 별도 기구를 만들어 고위공직자의 비리 수사를 전담하게 해야 한다. 그동안은 상황에 따라 그때그때 특별검사제를 실시해 왔지만, 상설기구가 아니다 보니 고위공직자 비리에 대한 상시적 감시에 한계가 있었다. 상설인 고위공직자비리수사처 도입이 필요한 이유다.

새로 탄생할 민주공화국에서는 대통령, 민정수석, 법무부장관, 검찰총장으로 이어지는 현재의 검찰 지배구조를 모조리 바꿔야 한다. 법은 만인에게 평등해야 한다. 검찰은 성실하게 살아가는 국민에게는 친근한 존재가 되고, 법을 어기는 권력자와 가진 자에게는 두려운 존재가 되어야 한다.

그러나 제도가 아무리 좋다 한들 이를 운용하는 사람이 잘못되면 아무 소용이 없다. 검찰 개혁도 정상적인 나라, 공정한 국가 건설을 위한 부분적인 조치일 뿐이다. 검찰 개혁은 국가 운영의 최종책임자이자 첫 번째 공복(公僕)인 대통령을 제대로 뽑는 데서 시작된다. 친일·독재·부패 기득권에 빚진 게 없는 사람, 검찰에 기댈 필요가 없는 사람, 용기와 사명감으로 기득권과 한판 승부를 피하지 않고 감당해낼 사람을 대통령으로 뽑는 데서 검찰 개혁은 시작된다.

4장
지방자치

꼬리를 잡아 몸통을 흔들다

꼬리를 잡아 몸통을 흔들다

중앙정부의 권력 독점에 따른 횡포를
근원적으로 해결하기 위해서는
87년 체제의 헌법을 개정할 때
'지방분권'을 강화해야 한다.

중앙을 중심으로, 지방을 변방으로 여기는 사람들이 많다. 그런 사람들에게 이렇게 말해주고 싶다. 모두가 한때는 변방이었다. 예수도, 부처도, 민주주의도, 미국도, 체 게바라도 시작은 변방에서 했고 아웃사이더였고 비주류였다. 나는 변방이 중심이 될 수 있는 세상을 소망하며, 변방과 중앙이 동등한 가치를 가지며 유기적인 관계여야 한다고 본다. 변방이라도 언제든지 중심이 될 수 있는 역동성을 상실하면, 우리 사회는 후퇴한다는 믿음도 갖고 있다.

지방자치는 주민의 대리인들이 주민과 함께 민주주의를 실천하고 체험하는 제도이자 공간이다. 주민은 주인이고 대리인은 고용된 머슴이다. 지방자치는 중앙정부의 권한을 합리적으로 나누어 경쟁시킨다는 측면과 함께, 잘게 쪼갠 정치와 행정에 주민이 직접 참여하고 스스로 책임지는 연습을 함으로써 민주주의를 체감케 하는 것에 있다. 즉 자치를 통해 민주주의를 몸에 익히고 주민들이 민주공화국의 주인인 주권자로 거듭나게 하는 것이 바로 지방자치다.

성남시에서 내가 하고 싶은 일이 바로 이것이었다. 모든 시민이 민주주의의 가치를 실천해보는 것. 정치가 내 것이 되고 '이렇게 하니까 참으로 많이 바뀌는구나' 하고 느끼도록 해보는 것이다. 선출된 대리인이 시민으로부터 위임받은 권한과 예산을 제대로 쓰면 시민의 삶이 얼마나 크게 달라지는지 실감하게 하는 것이다. 시민들이 자신의 삶과 밀접한 관계가 있는 시정(市政)에 끊임없이 관심을 갖고 참여하며 지방행정에 책임감을 느끼는 감시자가 되는 것이야말로 주권자의 참된 태도이고 의무이자 권리다.

주권은 시민에게 있고
모든 권력은 시민에게서 나온다

2010년 성남시장에 취임할 때의 상황은 비정상 그 자체였다. 전임 시장의 방만한 재정 운영으로 시 재정이 사실상 파탄 상태였다. 용도가 정해져 있고 보관해야 할 판교특

별회계에서 5,400억 원을 인출해서 써버렸고, 시청사 부지와 판교구청사 부지를 매입하고도 치러야 할 토지대금을 주지 않아서 외상으로 깔아놓은 채무가 1,100억 원이 넘었다. 둘을 합한 6,500억 원은 연간 가용예산의 3년 치에 이르는 엄청난 규모였다. 임기 내내 이 돈만 갚으려고 했다가는 다른 일은 아무것도 못 할 게 뻔히 보였다. 이대로 임기 말까지 가면, "당신이 한 게 뭐 있느냐"는 질문에 시달리며 구차한 변명만 늘어놓을 것이 눈에 선했다.

이를 정상화하기 위해서는 긴축조치 외에는 방법이 없었다. 긴축에 따른 주민 반발을 무마하려면 특단의 충격적 조치가 필요했다. 시민들에게 재정위기 상황을 알리기 위해 비난을 감수하고 '모라토리엄(지불유예) 선언'을 감행했다. 거지 도시를 만들었다느니 쇼를 한다느니 하는 정치적 공격과 심지어 주민소환운동까지 당했다. 하지만 재정을 정상으로 돌리기 위해 3년이 넘는 시간 동안 뼈를 깎는 노력을 진행했다. 어려운 재정 상황을 시민께 설명하고 선심성 예산집행이 어렵다는 것에 동의를 구했다. 공직자들에게는 함께 허리띠를 졸라 매자고 설득했다. 시민들의 동의와 인내, 공무원들의 적극적인 협조 결과 약 4,120억 원(2016년 12월 기준)의 부채를 청산했다.

어렵고 힘들었던 부채 청산 기간에도 시민을 위해 꼭

필요한 정책은 빠뜨리지 않고 챙겼다. 좋은 정책임에도 새누리당이 다수인 시의회의 반대로 제동이 걸리기도 했지만, 그때마다 시민들이 나서주셨다. 경로당 회장을 중심으로 한 어르신들, 안보보훈단체, 학부모, 시민단체 등이 앞장서서 시의회와 의원들을 방문해 압박하고 국회의원을 찾았다. 급기야 새누리당 중앙당사에 항의 방문해서 새누리당 시의원들의 '기업 유치 반대' 당론을 바꿔내기도 했다. 시민들이 머슴 간의 다툼에 회초리를 들고 주인 역할을 훌륭하게 해낸 것이다. 성남시의 주권은 시민에게 있고, 모든 권력은 시민으로부터 나온다. '시민이 행복한 성남, 시민이 주인인 성남.' 이것이 성남의 시정 구호다. 적어도 성남에서만큼은 민주공화국의 헌법정신이 제대로 구현되고 있다고 자부한다.

지방자치 재량권을 빼앗으려는
이명박·박근혜 정권과의 싸움

국가 간 경쟁보다 도시 간 경쟁이 중요한 이 시대에, 국가는 지방이 각자 특성에 맞게 세계와 경쟁하도록 도와야 한다. 분권화의 시대로, 이를 위해서는 지방에 대한 권한 이양과 예산 보장이 필수다. 그런데 현행 헌법에는 단순히 '지방자치를 실시한다'고만 적혀 있을 뿐이다. 헌법에 지방자치에 관한 구체적인 내용이 없다 보니 관련 법률에도 자세한 내용은 적시되어 있지 않고 시행령에 대부분 위임되어 있다. 국회가 헌법이 맡긴 권한을 방임한 채 행정부와 대통령에 맡긴 셈이다.

대개 대통령 중심제에서는 대통령에 권력이 집중되는 경향이 있다. 이러한 조건에서 독재적 사고방식을 가진 대통령은 자치단체들이 일사불란하게 통제에 따르지 않으면 불편하기 마련이다. 이 때문에 박정희 대통령 시대에는 지방자치제를 아예 없애버렸다. 유신헌법에서는 지방의회 구성을 통일이 되는 시점까지 미루었다. 87년 6월 항쟁 후에 성립된 현재의 헌법에서 비로소 유예 규정이 철폐되었다. 하지만 노태우 정부도 지방자치제 시행을 미적거렸다. 1990년 김대중 대통령이 했던 13일에 걸친 단식을 계기로 지방자치는 점진적으로 시행되었다.(그 외에도 여러 얘기가 있지만 지방자치제는 DJ에게 신세진 게 많다고 나는 생각한다.)

권위적인 이명박·박근혜 정부는 지방정부에 불편한 심경을 노출했고, 특히 지방자치를 폐지한 박정희의 정신을 이어받은 박근혜 정부는 노골적으로 적대감을 드러냈다. 지방자치를 폐지하기 어렵게 되자, 자치단체장을 '좀

비'로 만들기 위해 권한은 그대로 둔 채 권한 행사에 필요한 재정을 빼앗기 시작했다. 재정 자율성을 줄이고 정부 의존성을 높여 정부 지시를 그대로 따를 수밖에 없는 사실상의 관선 지자체를 만들려고 한 것이다. 기초연금과 보육비 등 정부가 부담해야 할 재정을 지방정부에 계속 떠넘기면서 지방재정을 악화시키고, 재정이 악화된 지방정부가 중앙정부에 의존하지 않을 수 없게 만들어갔다.

현재 243개 지방자치단체 중에 서울시, 경기도의 성남시, 수원시, 용인시, 고양시, 화성시, 과천시 등 7개(불교부단체)를 뺀 97% 교부단체는 중앙정부의 교부세 지원이 없으면 필수경비를 조달하지 못해 부도가 나게 되어 있다. 정부교부세에 목매는 자치단체들은 대통령의 호의에 기댈 수밖에 없다. 지방자치와 분권을 중시한 김대중·노무현 정부까지는 지방재정의 자주성이 계속 확대되는 추세였다. 그러다가 이명박 정부부터 중앙정부가 재정을 틀어잡기 시작했다. 한마디로 '지방자치단체들이 왜 이리 말을 안 듣지? 하지 말라는 걸 왜 마음대로 하지? 한번 막아볼까?'라고 하면서 지방행정에 지속적으로 딴죽을 걸어왔던 게 이명박·박근혜 정부의 행태였다.

박근혜 정부 들어와서는 그 정도가 더 심해졌고, 모범적인 시정으로 국가 운영의 난맥상과 무능 부패를 상징적으로 대조해 보여주던 성남시에 끊임없이 간섭했다. 박근혜 정부는 이른바 '3대 무상복지'로 대표되는 성남시의 독자적 복지정책을 소송으로 막으려 했지만 실패했다. 성남시는 중앙정부의 교부세 지원을 받지 않는 '불교부단체'여서 '교부세 불이익'을 강화하는 시행령 개정을 이용한 통제 시도도 실패로 끝났다. 상황이 이렇게 되자 박근혜 정부는 아예 지방재정법 시행령을 고쳐 다른 지자체를 지원한다는 명분으로 성남 시민이 내는 지방세 가운데 1,200억 원 가량을 빼앗았다. 다른 지자체에 대한 지원은 중앙정부의 몫이다. 실제로 국민들이 내는 내국세 중에 19.2%(약 38조 원)를 다른 지자체(교부단체)에 교부세로 지원하고 있다.

정부에서 지원받는 교부세를 합칠 경우 일반회계 기준으로 2016년의 성남시 1인당 예산은 160만 원 가량이고, 경북 구미시의 1인당 예산은 260만 원으로 구미시가 약 100만 원 더 많다. 성남시민은 비싼 부동산가격 때문에 재산세, 취득세, 등록세 등을 훨씬 많이 내는데, 그 세금을 많이 낸다는 이유로 정부지원금도 받지 못하는 역차별을 받고 있다. 1인당 10만 원이 넘는 예산을 빼앗는 것은 정부권력을 이용한 폭력에 다름 아니다. 헌법재판소에 그 부당함을 하소연하는 헌법재판을 제기했는데 결과를 기다리는 중이다.

박근혜 정부의 이런 행태는 예산을 아끼고 부정부패를 근절하고 탈루세금을 꼬박꼬박 걷어 시 살림을 모범적으로 해내고 있는 성남시를 탄압하는 것이다. 역차별을 확대하며 지방자치를 훼손하는 반(反)헌법적 폭거이다. 2016년 6월 광화문 광장에서 내가 11일간 단식농성을 했던 이유가 여기에 있다.

중앙정부가 지방재정을 장악하면 아껴서 돈이 남아도 다른 용도에 쓸 수 없고, 계속 아끼다 보면 지원이 줄어들기 때문에 지방정부는 많이 쓰기 경쟁이 벌어진다. 정부가 교부세를 주면(임의로 교부세라는 형식으로 지원을 하면) 많이 쓰는 지방정부는 많이 받고, 적게 쓰는 지방정부는 적게 받는 현상, 즉 학계에서 말하는 '교부세의 역설' 현상이 생겨난다. 정부가 통제를 강화하기 위해 벌이는 지방재정 장악이 예산집행의 효율성을 떨어뜨려 국민의 삶의 질을 악화시키는 것이다. 중앙정부의 권력 독점에 따른 횡포를 근원적으로 해결하기 위해서는 87년 체제의 헌법을 개정할 때 '지방분권'을 강화해야 한다. 헌법에 지방재정권과 조직자율권을 규정해 지방자치를 보호하고, 더 나아가 확대 발전시켜야 이 나라에 밝은 미래가 있다.

'변방 사또'이기에 작은 것,
바닥의 일에 충실했다

진정한 변화는 바닥에서 이루어진다. 바닥의 변화가 없는 상층만의 변화는 언제든 흔들리고 뒷걸음질 칠 수 있다. 모래 위의 성, 사상누각 같은 것이다. 그래서 기초를 바꾸고 뿌리를 바꾸는 일에 투자해야 한다. 나는 '꼬리를 잡아 몸통을 흔든다'라는 표현을 즐겨 쓴다. 내가 쓴 최초의 저서 제목도《오직 민주주의, 꼬리를 잡아 몸통을 흔든다》이다. 사법연수원을 수료하면서 판검사의 화려한 길을 버리고 25세 젊은 나이에 인권변호사로 사회에 첫발을 내딛었다. 그때부터 지금까지 하고자 했고 해왔던 일들은 화려하진 않지만 사람들의 일상이 펼쳐지는 삶의 현장에서 남이 선뜻 나서지 않는 작은 일, 기초와 기본에 관련된 것들이었다. 즉 꼬리를 잡는 것이다.

머리나 몸통을 잡기는 어렵지만 꼬리는 누구나 쉽게 잡을 수 있다. 그 꼬리를 확실하게 틀어쥐고 몸통이라 할 우리 사회의 민주주의와 정치, 시민들의 삶과 환경, 세상의 인식 같은 것들을 바꾸고 개선해보자. 전체를 한꺼번에 바꾸는 것이 빠르고 좋은 일이지만 그런 기회는 아웃사이더이자 비주류인 나 같은 사람에게 허용되는 것이 아니다. 그것은 기득권자들의 몫이다. 사실 꼬리를 잡아 몸통을 흔드는 일은 결코 쉽지 않다. 작은 것부터, 지역에서, 남들이 주저하고 또는 두려워하는 것들과 싸워 개선해가며, 지역의 작은 정의를 전체에 관통시키고 확산하는 도전을 해보고 싶었다.

나는 군사정권의 사냥개가 될 수 없어 판검사 발령을 거부하고 지역의 노동·인권변호사의 길을 선택했다. 그리고 시민운동가로 일하다가 지방자치단체장이 되었다. 스스로 비주류이자 변방 아웃사이더의 삶을 선택했으며, 지금도 체급으로 따지면 '변방 사또' 또는 '변방 장수'에 불과하다.

김대중·노무현 정부 때 혜택을 받은 것도 아니다. 오히려 김대중 정권 때는 정권에 유착된 분당 파크뷰 특혜분양사건을 폭로해 구속되었고, 노무현 대통령의 이상과 뜻을 존중하며 같은 길을 걷고자 했지만 그분은 사법연수원 시절 노동법학회 초청강연 때 얼핏 접한 것 외에는 아무런 인연도 없다. 대학생 때는 돌이나 던지는 일 외에 학생운동에 깊이 관여하지도 않아서 운동권 출신이라는 '기득권'도 없다. 그런 변방 장수가 느닷없이 대한민국 야권의 대선후보 명단에 등장한 것이다. 내가 만든 것도, 기대한 것도 아니고 국민들의 바람이 만들어낸 결과다. 공직이란, 욕망의 도구가 아닌 공정사회를 위한 꿈을 실현하는 훌륭한 도구이므로 2016년 9월에는 대통령직 도전 의사도 표명했다. 나는 그때 "지금은 아름다운 말보다 두려움 없는 행동과 실천, 정치적 유불리 계산보다 가치에 대한 헌신이 필요하다"고 말했다.

이제껏 정치는 정치 기득권자들이 국민을 동원하면 국민은 끌려다니는 것이었다. 그러나 이제는 바뀌어야 한다. 집단지성을 가진 유기적 인격체로 진화한 국민이 정치 기득권자들을 제압할 것이다. 대선이 다가올수록 '이재명'이라는 꼬리가 대세론의 몸통을 흔들 것이라는 사실을 의심하지 않는다.

나는 '흙수저'도 못 되고 '무(無)수저' 출신이다. 유년시절 가족 생계를 위해 중학교 진학을 포기하고 공장에서 일해야 했다. 대양실업이라는 야구 글러브 공장에서 프레스에 손목 골절상을 당해 성장판을 손상당한 탓에 평생 왼팔이 구부러지는 장애를 입었다. 오리엔트 시계공장에서는 페인트공으로 일하다가 후각의 절반을 상실했다. 어렵게 대학에 가고 사법시험까지 합격했지만 주류사회의 안정적인 길을 마다했다. 시민운동을 할 때도 일을 시작하면 끝장을 보고야 말았다. 권력형 부정부패였던 파크뷰 특혜분양사건을 파헤쳐 폭로하다가 'PD의 검사 사칭 사건취재'를 도와줬다는 누명을 쓰고 변호사 신분에 구속까지 되었다. 시립의료원 설립운동을 하다가 날치기로 주민발의조례를 폐기하는 시의회에서 방청객과 함께 항의하다가 특수공무집행방해죄로 수배되어 벌금을 내기도 했다.

삶의 현장에서 작은 일에 매달리고, 시작하면 끝을 봐야 하는 고단한 아웃사이더 투쟁가의 삶을 살아왔기 때문에 나의 언어는 다른 정치인들과 많이 다르다. 두루뭉술하거나 추상적이지 않고 직선적이고 분명하다. 엘리트의 고급진 언어가 아니라 생활언어로 말한다. 말하기 위해 말하는 것이 아니라 상대방이 듣고 이해하게끔 말한다. 다중적이고 애매하며 해석의 여지가 있는 정치언어 대신에 단박에 이해되는 대중의 언어를 쓴다. 그래서 나의 언어는 일면 거칠고 격식 없고 솔직하고 예리하다는 평가를 받는다. 이런 나의 언어에 대중은 카타르시스를 느낀다. '사이다'라는 별명도 이런 이유로 생긴 것이다. 나는 '한양도성 대궐의 대신'이 아니라 변방의 현장 진흙밭을 뒹구는 장수라 품위도 없고 세련되지도 못하다. 대한민국이 정상적이고 평안하다면 한양도성 대신형의 리더가 더 필요할 것이다. 그러나 지금 대한민국은 안팎으로 구한말을 떠올릴 만큼 극단적 위기 상황이다.

성남의 성공을
대한민국의 성공으로

나는 스스로 내가 아웃사이더라는 걸 잘 안다. 때문에 '변방'에서 국민의 삶이 나아지도록 여러 형태의 복지정책을 펼쳐왔다. 복지야말로 민생이기 때문이다. 지방정부도 하나의 정부로서 시민들을 보듬고 다시 뛸 수 있게 격려해야 한다고 믿는다. 하물며 중앙정부가 조선·해운산업 지원 사례에서 보듯 재벌 뒤치다꺼리에만 관심이 있다면, 지방정부라도 적극 나서야 할 게 아닌가. 이런 시도는 불가피하게 소수 기득권을 대변하는 박근혜 정부와 번번이 부딪쳤다. 하지만 나는 어디서 무엇을 하든 나의 길을 포기하지 않을 것이다.

어렵게 살아왔기 때문에 소외된 사람들에게 국가가 어떻게 해줬으면 좋겠다는 생각을 늘 해왔다. 정책은 추상적이어서는 안 되고 피부에 와 닿는 것이어야 한다는 게 나의 소신이고 가치다. 아웃사이더로서 지내온 내 삶이야말로 나의 아이디어 뱅크이고 정책 추진력의 원천이다. 나는 시민들과 함께 민주주의와 지방자치가 살아 있는 성남시를 만들어왔다. 그리고 기회가 된다면 이런 실천적 철학을 더욱 넓은 범위로 확산하고 싶다.

  꼬리를 잡고 흔들면 몸통도 흔들리는 사회, 꼬리의 성공에 따라 물 흐르듯이 몸통도 변하는 사회가 합리적인 사회다. 성남에서 '정의'는 대한민국에서도 '정의'인 사회를 만들어야 한다. 성남의 '성공'이 대한민국의 '성공'이라는 또 다른 꿈을 꾼다.

2부

이재명의
경제 혁명

5장
공정경제

함께 잘사는 나라를 위한
재벌 개혁

실질적인 국민의 재산인데
소수의 지분이 일방적으로 과도하게 지배하는
지금의 재벌 체제를 정정하자는 얘기다.

모든 정치인들이 '○○성장'을 경제 화두로 제시한다. 부자가 돈 벌면 빈자도 혜택을 본다는 낙수효과에 기대거나, '성장이냐 분배냐'의 프레임이 빠져서 분배가 아닌 성장을 중시한다며 기업과 기득권층에 기대고 있다. 그런데 경제의 최종 목적은 과연 성장 자체인가? 경제는 경세제민(經世濟民)의 줄임말이고, 그 목적이 모두가 함께 잘 사는 데 있다고 보는 것이 타당하다. 성장이 중시되는 것은 절대빈곤을 벗어나야 하는 시기에 불가피했던 선택이거나, 혹은 성장의 과실이 고르게 분배될 경우에만 옳다고 할 수 있다. 성장은 하되 그 과실이 소수에게 독점되어 전체 구성원의 삶은 점차 나빠지고, 급기야 유효수요 부족으로 경제환경 자체가 나빠져 기업에도 손실이 올 지경이라면 이미 그런 성장은 경제에 해악이다.

대한민국 경제는 1990년대 중반부터 생산증가분 중

가계(노동)와 정부의 몫이 정체되어 총소득 중 가계 및 정부 몫의 비율이 줄어들고 있다. 특히 노동소득분배율이 80% 선에서 60%대 초반으로 떨어지고 소수 대기업의 사내유보금이 급증하면서 경제성장 잠재력을 갉아먹는 상태로 치닫고 있다. 공정한 시장질서 속에서 공정한 경쟁이 보장될 때 비로소 자원과 기회 역량이 효율적으로 쓰인다. 그리고 참여하는 경제 주체의 의욕이 자극돼야 최선의 결과를 빚어낼 수 있다.

성장은 강자에게 약자를 약탈하는 것을 허용한다거나, 또는 서민들에게 빚을 권장함으로써 억지로 이룰 수 있는 게 아니다. 잠깐의 효과는 있을지 몰라도, 결국 언 발에 오줌 누기처럼 경제환경을 악화시킬 뿐이다. 기회와 자원의 공평한 배분, 공정한 경쟁, 기여에 합당한 배분을 보장하는 것이야말로 경제 체질을 튼튼하게 하고, 장기적으로 경제가 성장하면서 함께 잘사는 경제를 만드는 방법이다. 경제 정책의 목적은 '성장'이 아니라 '공정'이어야 한다.

재벌 횡포에
"이게 나라냐"고 항의하는 시민들

광장의 수백만 촛불은 부정한 권력의 퇴진만을 외친 게 아니다. 촛불민심 속에는 정권에 대한 분노만큼 한국 사회의 불평등하고 불공정한 경제구조에 대한 분노가 자리 잡고 있다. 공평한 기회를 부여받지 못했고, 경쟁은 공정하지 않았다. 기여한 만큼 분배받지 못한 데 따른 분노 또한 크다. 불평등은 심화되었고, 격차는 상상을 초월한다.

우리 경제문제의 핵심은 재벌이다. 혁명적 열기로 타오른 촛불광장에서 박근혜 퇴진, 새누리당 해체에 이어 시민들은 재벌 해체와 재벌총수 구속을 외쳤다. 재벌과 그들의 엄호 세력에게 "이제 그만 횡포를 멈추라"고 요구했다. 부패한 정치권력의 뿌리가 다름 아닌 재벌권력임을 알기 때문이다. 그리고 요구했다. 소수 특권층이 부와 권력을 독점한 나라가 아니라, 공평하고 공정한 나라를 만들라고!

전 세계적으로 부의 편중과 양극화로 불평등이 심화되고 있다. 각자도생하느라 현실을 외면하거나 도피하던 시민들의 분노가 조직되고 있다. 분노의 원인은 명확하다. 초국적 기업과 특정 소수가 엄청난 부와 기회를 한손에 틀어쥐고 있다는 데 있다. 국가의 부는 늘었는데, 국민의 삶은 점점 팍팍해지고 있다. 기회와 자원의 독점, 불공정한 경쟁 탓에 부가 정당하게 분배되지 않기 때문이다.

마치 진공청소기처럼 우리 사회의 부를 모조리 빨아들이고 있는 재벌의 욕심은 끝이 없다. 청년들에게 '열정 페이'를 강요하고, 회사를 위해 일생을 바친 중년들에게 조기 퇴직과 임금 삭감을 강요한다. 애써 개발한 중소기업의 기술을 약삭빠르게 훔쳐서 성장 기회를 봉쇄하고 있다. 코 묻은 돈 뺏는 격으로 중소기업 납품업체가 어렵사리 생산성을 향상시키면 납품단가 후려치기로 그 성과를 다 빼앗는다. 서민들의 삶터인 골목상권까지 침투해 중소자영업자를 무너뜨리고, 인건비 절감으로 더 많은 이윤을 얻겠다고 비정규직을 양산한다. 재벌은 우리 경제를 위기로 몰아넣은 주범이다.

'또 하나의 가족'이라며 눈웃음치던 그들은 '또 하나의 공범'이었다. 국민들의 피 같은 노후자금이 재벌3세 편법승계에 쓰였다. 최순실-박근혜 게이트 때 국민연금이 삼성물산-제일모직 합병에 찬성하면서 이재용 부회장은 편법승계의 퍼즐을 한 단계 더 맞췄다. 정권이 재벌에게서 뇌물을 받고, 국민의 노후자금을 까먹으면서까지 재벌 편을 들어 세금 없이 재벌 상속하는 것을 도왔다. 국가는 무엇인지 묻지 않을 수 없다. 수구 정권 10년에 국민들은 절망을 넘어 "이게 나라냐"고 분노하고 있다.

이제 정치권력은 경제권력의 하수인이 됐다. 소수 기득권을 위한 규칙이 세상을 지배하고 있다. 국민들은 새로운 규칙, 새로운 세상을 원한다. 정치권력과 경제권력 간 카르텔을 깨야 한다. 국민이 맡긴 권력을 이용해 국민의 피와 땀을 빨아먹으며 카르텔을 유지하고 있는 범죄자들을 찾아내 엄하게 처벌해야 한다. 불평등과 불공정을 용인하지 말고 엄격한 법 적용으로 대한민국 경제를 망치는 재벌 체제를 해체해야 한다.

재벌기업 해체 아닌
재벌 체제의 해체

재벌기업을 없애자는 말이 아니다. 형식적으로 말하자면, 사유재산제도 속에서 재벌 대기업은 주주들의 것이다. 그러나 재벌의 탄생과 발전 과정을 들여다보면 그것은 국민 모두의 것, 도로나 항구 또는 한국은행처럼 일종의 공공재와 유사한 속성을 지닌다. 우리 모두가 알고 있듯이 해방 이후 온갖 특혜와 국민의 희생 속에서 성장해 온 재벌은 재벌가(家)의 노력만으로 성장한 게 아니다.

재벌, 즉 우리 사회의 대기업 집단은 국민의 피와 땀으로 만들어 놓은 국민 모두의 자산과 마찬가지다.

그렇다고 재벌을 지배하는 재벌가가 마음에 들지 않는다고 피땀 흘려 쌓아놓은 재벌을 송두리째 없애버릴 수는 없다. 또다시 초국적 금융자본의 먹잇감이 되게 두고 볼 수는 없다. 실질적인 국민의 재산인 대기업을 소수의 지분이 일방적으로 과도하게 지배하는 지금의 재벌 체제를 정정하자는 얘기다. 재벌이 지금처럼 재벌가 소유물이 되는 것이 국민경제에 얼마나 해로운 것인지는 한진해운의 사례에서 알 수 있다. 허리띠를 졸라맨 국민을 뒤로 하고 세계 수위의 해운사로 성장해보았자, 총수라 불리는 소수에 의해 무책임한 경영 판단이 이뤄지면 그동안 쌓아온 우리 국민의 노력이 한순간에 날아가버린다. 이제는 제법 국제경쟁력까지 갖춘 대기업들이다. 그 경쟁력은 유지하고 더 발전시키는 한편, 우리 국민과 경제를 이롭게 하려면 어떻게 해야 할까?

공정하게 경쟁하고,
기여만큼 배분받고

처방은 의외로 간단하다. 재벌가의 비정상적인 지배구조

를 바로잡자는 것이다. 방법은 많다. 상속세를 정확하게 부과해 거둬들인 상속세로 공공 부문이 대기업 집단의 지분을 구입하거나, 연기금이 가지고 있는 대기업 지분을 활용하는 것이다. 산업은행 같은 국책은행을 일종의 국부펀드로 활용하는 방법도 있다.

대기업 지배구조를 '공공화(公共化)'하려면 경영 내부 구조를 바꿀 필요도 있다. 유럽은 기업의 의사결정에 참여하는 이사 중에서 대개 3분의 1 또는 절반이 넘게 노동자들이 선출된다. 기업 내부를 잘 아는 노동자가 기업경영에 참여하게 되면 이사회가 함부로 부당한 결정을 내릴 수 없게 된다. 경영자와 노동자가 이익을 공유하게 하면 더 그럴 것이다. 당장 경영 참여가 어렵다면 이들이 경영진의 결정을 정기적으로 감독하는 구조를 만들 수도 있다.

대기업의 지배구조를 공공화하면 좋은 점이 많다. 해외의 투기적 금융자본의 먹잇감이 되기 어려워진다. 일명 '먹튀'를 하려고 해도 공공, 즉 국민과 나라가 뒤에 수호천사처럼 버티고 있으니 초국적 자본이라도 함부로 하기 어렵다. 또 재벌가가 일가친족에게 일감을 몰아주거나 재벌가만의 이익에 부합하는 경영 활동을 할 경우, 사전적으로 때로는 사후적으로 교정해 회사의 수익성과 경쟁력을 더 높일 수 있다.

　최순실 같은 자가 수천 명 달려들어도 투명한 기업은 불법적 이익을 위해 불법자금을 수백억 원씩 축내며 권력자의 뒷돈을 대는 일을 할 수 없다. 납품 중소기업 하청업체에 대한 부당한 단가 후려치기나 범죄적 기술 탈취 등도 쉽지 않게 될 것이다. 부당 내부거래도 자연스레 사라질 것이고, 노동자들도 정당한 대우를 받게 될 것이다. 그러면 대기업은 대기업다운 위신과 경쟁력을 확보하고, 성과를 빼앗기지 않게 된 중소기업은 중소기업대로 생산성 향상에 힘쓰며 고르게 성장할 수 있다. 노동자들은 자신이 기업에 기여한 만큼의 알맞은 대우를 받게 되어 의욕을 갖고 생산성 향상에 노력하게 될 것이다. 그래서 모든 경제주체들 간에 공정한 경쟁이 가능한 경제, 모든 참여자가 행복한 경제, 열심히 노력하면 잘살 수 있다는 희망이 있는 경제의 틀이 만들어진다.

　친일·독재·부패 세력이 100년, 200년 지속하고자 할 때 이들의 물적 토대가 재벌이다. 그 세력을 정리하려면 기회와 자원의 독점, 부당 경쟁, 부당 착취, 정경유착으로 경제생태계를 망치고 기업 경쟁력을 좀먹는 재벌 체제를 해체하고 공정한 경제질서를 만들어야 한다. 소수 특권층이 아닌 다수 국민과 경제 참여자를 위한 경제규칙을 세워야 한다. 그래야 우리 같은 흙수저뿐 아니라 이 나라 전체에 미래가 있다.

군불을 때면 처음에는 아랫목만 따뜻하지만 점차 윗목도 더워진다는 낙수효과 같은 얘기로 국민을 속이는 짓은 더 이상 안 된다. 단계마다 차벽을 설치한 건 만년 아랫목 입주자들이다. 낙수효과 신화에 기초한 재벌 특혜, 재벌 중심 경제시스템을 바꿔야 한다. 국민소득 중 노동의 몫을 늘리기 위해 노동조합을 강화하는 한편, 프리랜서, 알바를 포함한 노동법 위반을 엄중하게 처벌해야 한다. 1930년대 대공황을 넘어서기 위해 미국의 루즈벨트 대통령이 했던 독점 해체, 복지 정책, 노동권 강화가 불황을 극복하고 이후 50년 호황의 뿌리가 되었음을 잊지 말아야 한다. 우리도 소수가 부를 독점하는 '나쁜 성장'이 아닌, 다수가 함께 잘사는 '착한 성장'을 위해 '이재명의 뉴딜 성장'을 추진해야 한다. 대공황을 극복한 뉴딜 정책처럼 국가의 조정 개입으로 공정한 경제질서를 구축하고, 노동조합 및 노동권의 강화로 일자리를 확충해 노동(가계)소득을 증가시켜야 한다. 그리고 기본소득 복지를 확대해서 가계소득 증대를 통해 경제 선순환과 경제성장을 해야 한다.

재벌경제를 혁파하자고 말하면 항상 따라붙는 반론이

있다. 한국은 신자유주의의 한 축인 자유무역으로 가장 큰 혜택을 본 나라이며, 그러기에 수출 주역인 재벌에 대한 규제는 경제성장을 후퇴시킨다는 주장이다. 이런 사람들이 이명박·박근혜 정부에서 환율 조작으로 재벌에 인위적인 수출 경쟁력을 만들어줬고, 법인세 인상을 극구 반대했다. 그 결과, 한국 경제는 내수를 키우지 않아 '반쪽 경제'가 되고 말았다. 프리랜서·비정규직을 포함한 노동자들의 임금을 올리고, 비정규직을 줄여 내수를 경제의 또 다른 축으로 양성해야 했는데 이를 기피해온 결과다. OECD 가입국 가운데 한국만큼 수출 비중이 높은 나라가 없다. 극히 비정상적인 경제구조다. 만인을 위한 경제를 만들어야 하는데 1%를 위한 경제만 만들어왔던 것이다. 아울러 재벌기업 중에는 내수 중심의 통신사나 골목상권을 침해하는 업종들도 다수 있다. 비싼 통신요금, 프랜차이즈형 기업의 횡포 또한 재벌 중심 경제를 깨야 바로잡을 수 있다.

한 번 더 강조하지만, 재벌 체제를 해체한다고 경제가 망하지 않는다. 오히려 소수 재벌가문이 자원과 부를 독점하는 불공정 재벌 체제를 해체함으로써 경제생태계의 건강을 회복하고 경제위기를 지혜롭게 헤쳐나갈 수 있다. 재벌 체제 해체는 공정경제로 가는 출발선이다. 암 덩

어리 같은 정경유착과 부패의 고리를 끊는 결단이기도
하다.

이제 국민의 힘으로 민주공화국을 완성시키는 '건국
명예혁명'에 나서자. 모든 경제주체가 고루 잘 살 수 있는
사회로 나아갈 해법을 과감하게 추진해야 한다. 정치에
서만 주권재민이 필요한 게 아니다. 경제에서도 이를 구
축해야 한다. 기회가 공평하고 공정한 경쟁이 보장되며,
기여만큼 배분받는 나라, 우리 모두가 꿈꾸는 정의로운
나라를 우리 손으로 만들어야 한다. 지금 우리에게는 경
제혁명이 필요하다.

6장
노동소득

일한 만큼 돌려받는 사회

‘동일 노동 동일 임금’ 원칙은
헌법상 평등원칙에 기초한 것으로
반드시 지키게 해야 한다.

대한민국 경제 곳곳에 재벌 대기업의 횡포가 미치지 않는 곳이 없다. 1997년 외환위기 이후 우리 경제의 모순은 점점 커지고 있다. 그중 사회 양극화의 핵심 배경인 비정규직 차별은 정말 심각하다. 비슷한 일을 하면서도 비정규직의 임금은 정규직의 절반밖에 안 된다. 재벌 대기업은 창고에 돈을 쌓기만 할 뿐 투자와 고용이라는 사회적 책임을 외면하고 있다.

한국 경제의 든든한 한 축으로 서야 할 중소기업이 대기업의 먹잇감이 된 지는 오래되었다. 대기업은 단가를 후려치고 기술을 빼앗는 등 중소기업을 부당하게 착취하고 있다. 국가권력의 통제가 작동하지 않는 것이다. 언제부턴가 국가권력 위에 경제권력이 군림해왔다. 강남 술집에 떠도는 명언이 있다. "술을 사는 사람은 늘 그대로인데 접대받는 사람만 5년에 한 번씩 바뀐다." 왜 기업이

공직자에게 술을 사는가. 국가의 재정과 정책이 부를 독점한 소수를 위해 쓰이고 있어서다.

혁명에 준하는 개혁으로 위기를 극복해야 한다. 경제의 모든 영역에 깊숙이 박힌 독점과 불평등 구조를 깨고 공평하고 공정한 질서를 만들어야 한다. 그러기 위해서는 정치혁명을 능가하는 추동력이 요구된다.

온 국민이 가난했던 시절에는 먹고사는 것이라도 해결하기 위해 성장 드라이브 정책을 펼칠 수밖에 없었다. 특정 기업에 기회와 자원을 몰아주었는데, 이 과정에서 재벌 대기업이 성장했고, 고도 성장기에는 성장의 과실을 노동자와 협력 중소기업들도 나눠 먹을 수 있었다. 1980년대까지는 이런 기조가 유지되었다. 그러나 1997년 외환위기 이후 경제환경은 완전히 바뀌었다. 낙수효과는 사라지고 노동자의 몫은 늘지 않았다. 반면에 대기업을 중심으로 기업소득은 꾸준히 늘었다. 기업은 세금도 감면받았다.

국가의 부가 소수 기업에만 집중되었고, 힘이 세진 기업들은 세금도 깎고 노동자들을 탄압하면서 이윤을 긁어모았다. 다수를 위한 규칙을 만들고 집행해야 할 정부는 소수 재벌의 뒤를 봐주고 있다. 공정한 경쟁환경을 만들기 위한 노력을 전혀 하지 않고 있다. 이것이 정부인가? 대기업의 부당행위는 모두 법으로 규제할 수 있는 것들이다. 정치권력이 경제권력에 종속되다 보니 법이 사라지고 소수 재벌 대기업을 위해서 중소기업도 노동자도 정부도 손해를 본다. 30대 재벌이 보유한 사내유보금이 750조 원이나 된다. 국민총생산의 절반에 해당하는 돈이다. 몸속의 피가 동맥과 정맥을 통해 온몸 구석구석까지 흘러야 사람이 살 수 있듯이 경제도 자원과 부가 순환해야 성장한다. 특히 내수를 살려야 성장의 불씨를 다시 살릴 수 있다. 서민의 지갑을 채워 주고 소비를 하게 해야 한다.

**불법 노동 엄벌,
노동조합 지원 강화**

우리 경제는 거꾸로 가고 있다. 서민들의 지갑이 점점 얇아지고 유효수효가 줄어들었다. 국민들이 소비를 하지 않으니 기업도 어려워지고 있다. 악순환의 덫에 점점 빠져들고 있는 것이다. 신자유주의 세계화에 따른 시장 확대의 이익을 대기업이 독점하고 노동자, 서민의 형편은 점점 어려워지고 있다.

일하는 사람들의 처우를 어떻게 개선할 것인가? 노동

을 보호하고 노동권을 강화하려면 당장 무엇을 해야 하는가? 지금처럼 기업을 위해 노동자를 괴롭히고 압박할 게 아니라, 노동의 몫을 늘려야 한다. 법정 초과근로시간인 주 52시간을 넘어 일하는 노동자가 360만 명이 넘는다. 법을 지켜 52시간 초과근로분을 신규 고용으로 대체하면 50~60만 개 일자리가 생겨난다. 노동법만 제대로 지켜도 일자리를 많이 만들 수 있다.

0.8배만 주고 있는 초과근로수당도 법대로 1.5배씩 제대로 지급하게 지도하고, 위반했을 때는 엄중하게 처벌해야 한다. 이를 위해 통상임금도 제대로 계산해야 한다. 노동을 보호하라는 노동부가 앞장서서 불법 노동기업의 앞잡이 노릇하는 것을 중단하고, 불법 노동을 엄격하게 단속해야 한다. 이를 위해 현재 1,300여 명 수준인 근로감독관을 1만 명 수준으로 대폭 확충해 실질적인 근로감독이 이뤄질 수 있도록 해야 한다. 근로감독관의 권한도 강화해 근로감독관이 노동경찰의 역할을 할 수 있게 해야 한다. 그리고 노동조합 조직을 지원 장려하고, 산별교섭을 확대해서 단체협약의 효과가 산업 전반으로 퍼지게 해야 한다. 최저임금은 1만 원선으로 올려 최소한의 인간다운 삶이 가능하게 하고, 그와 동시에 영세 자영업자의 지원 정책도 마련해야 한다.

　우리가 법을 준수하지 않으면 외국 기업 역시 마찬가지 행태를 보인다. 한국에 진출한 한 유럽계 외국 회사가 노동 탄압과 불법을 자행하는 사례가 있었다. 자국에서는 기업 윤리를 잘 지킨다고 칭찬받는 기업이었다. 이유를 물으니 불법을 저질러도 받게 되는 제재가 이익에 비해 매우 적으니 불법을 저질러 이익을 얻는 게 당연하지 않느냐고 반문했다고 한다. 참으로 망신스럽고 기가 차다. 강자에게는 더욱 엄격하게 법을 적용해서 노동자를 부당하게 착취하면 막대한 손해를 입게 해야 한다.

　우리 사회는 2천만 명에 가까운 노동자 중에서 비정규직이 900만 명이나 된다. 거의 절반을 차지하는 비정규직 노동자 문제에 대한 근본적인 대책을 세워야 한다. '동일 노동 동일 임금' 원칙은 헌법상 평등원칙에 기초한 것으로 반드시 지키게 해야 한다. 똑같은 일을 할 때 비정규직이라면 오히려 불안정성 때문에 더 많은 보수를 받는 게 정상이다. 이는 전 세계에서 통용되는 원칙인데 유독 우리나라만 비정규직이 임금 착취의 수단으로 악용되고 있다.

　경제는 공정해야 한다. 우리나라는 정규직 임금의 절반 정도만 주는 비정규직을 마구 만들어내는데, 동일 노동에 동일 임금을 주게 하면 기업이 비정규직을 쓸 유인이 줄지 않겠는가. 불법 파견근로도 바로잡아야 한다. 대기업들이 사내하청으로 하고 있는 불법 파견근로가 40만 명이 넘는다는 통계가 있는데, 이는 엄청난 숫자다. 법원에서 이런 고용 관행에 불법 판정을 내린 만큼 하루빨리 바로잡아 정규직으로 전환하고 고용안정성을 높여야 한다. 고용안정성이 높아지면 노동자들의 임금 인상 요구도 좀 줄어들 것이다. 이런 과제들은 기업이 스스로 해결할 수 없다. 온갖 수단으로 이윤을 추구하는 기업은 이 문제를 스스로 해결하지 않는다. 올바른 정치가 부당한 경제를 고쳐야 한다. 경제권력에 지배받지 않는, 경제권력의 눈치를 보지 않는 민주적 권력이 국민의 힘을 등에 업고 법을 바로 세워야 한다.

경제활동의 패러다임이 바뀌고 있다. 공생과 사회 기여가 기업 목표가 되는 시대가 오고 있다. 사회적기업이나 협동조합이 그런 경우다. 협동조합에 경쟁력이 없다고 비난하는 사람들이 있지만, 스페인 몬드라곤, 이태리 볼로냐 등은 세계적인 기업에 버금가는 최고의 기업 경쟁력을 갖추고 있다. 경제 위기에도 해고 대신에 신규채용을 했고, 노동생산성도 높으며 보수도 좋다. 협동조합과 사회적기업이 자본주의의 대안으로 살아나야 한다. 자본주의는 원래 계속 고쳐 써왔다. 1930년대 수정자본주의가 왜 나왔던가? 자본주의 제도를 손대면 안 된다는 주장은 19세기 약탈 자본주의를 계속하자는 속셈이다. 산업구조가 IT, 친환경 쪽으로 이동하는 것도 눈여겨봐야 한다. 이쪽에서 양질의 일자리가 많이 나올 수 있다. 창업 환경과 벤처기업의 성장 환경을 혁신적으로 개선해야 한다.

7장
농업 정책

농업을 전략산업으로
보호·육성하자

농민은 소득은 적으면서
우리나라의 전략산업을 지키는,
일종의 공익집단의 성격이 있다.

신자유주의 경제 체제에서 가장 크게 피해를 본 것은 농축어업(이하 농업)이다. 시장을 개방하면서 철강, 섬유, 조선, IT, 컴퓨터, 통신 등 국제 경쟁력을 갖춘 산업은 해외시장이 늘어났지만, 그 대신에 외국 농산물이 더 쉽게 수입되게 허용했다. 여기서 수출 대기업은 막대한 이익을 얻었지만, 그 대가로 우리 농민, 어민, 축산농가는 큰 희생을 치렀다.

상황이 이런 데도 국가는 그동안 우리 농업에 생색내기 지원과 단기적 처방만 내려보냈다. 이러는 사이 주요 곡물과 축산물의 자급도는 추락했고, 지금도 계속 떨어지고 있다. 유통 문제도 심각하다. 생산 농어축산인은 헐값을 받는데 최종 소비자인 도시민은 비싼 값을 줘야 산다. 농민도 국민이다. 누구든 생산활동에 참여하면 정당한 대가를 받아야 한다. 국가는 농업을 사양산업 취급하고, 내심 '버리는 패'로 사용해왔는데 이제라도 농업을 전략적으로 지원할 방법을 찾아야 한다.

이제는 종합적이고 장기적인 정책을 세워야 할 때다. 식량도 농어축산인도 안보 차원에서 바라봐야 한다. 농축어업을 사양산업이 아니라 전략산업으로 인정하고 보호 육성에 나서야 한다. 앞으로는 식량이 자원이자 무기가 될 것이다. 식량 부족은 세계적 이슈가 될 것이고, 식량이 전략자원으로 돌변하는 것은 시간문제다. 특히 최근에 전 세계적인 민족주의와 보호무역주의 흐름을 보면, 식량은 석유 못지않은 파급력을 가질 것이다. 이를 대비하기 위해서라도 농축어업을 전략산업으로 육성해야 한다. 국민의 밥상을 지키는 농어민 축산인들을 제대로 대접해야 한다.

"농부에게 잘하십시오. 농부를 소중히 여기십시오. 농부가 재배한 음식물에 관해 정당한 가격을 지불해야 합니다. 한국에는 생활협동조합처럼 좋은 농산물을 판매하는 곳이 있습니다. 이런 곳을 잘 유지해야 합니다. 젊은 이들이 농부를 꿈꾸는 사회가 부강한 나라가 될 것입니다."

카를로 페트리니(Carlo Petrini) 이탈리아 슬로푸드협회 회장의 말이다. 농업의 미래가 밝은 나라가 부강한 나라가 된다는 것을 강조한 말이다. 한국의 곡물자급률은 쌀을 제외하면 OECD 회원국 중에서 가장 낮다. 또 미국 의존도가 높은 농축산물 수입 구조여서 식량주권이 매우 취약하다.

농업은 미래 전략산업,
농민 기본소득 도입해야

유엔식량농업기구(FAO)에 따르면, 2011년 한국의 곡물자급률은 26%로 178개국 중 128위, OECD 34개국 중 32번째다. 곡물자급률은 우리의 미래에 있어 생존과 직결된다. 자급률을 높이고 곡물비축제도를 강화해서 만약의 경우에 대비해야 한다. 국민의 삶의 수준이 향상되면서 소비자들이 수입 농산물보다 유기·무농약을 선호하게 되었다. 농약 덜 치고 좋은 토질에서 거름 주며 잘 키운 농산물은 충분히 경쟁력을 가질 수 있다. 또 해외에서 수입되는 농산품 중에서 GMO(유전자변형식품)를 철저히 감시하고 유통을 규제해야 한다. GMO 농산품을 활용한 가공식품에 GMO 원재료 표시는 기본 조치다. 유럽 국가들은 대부분 의무적으로 GMO 표시를 가공식품에 하게 한다. 소비자가 먹는 식품이 GMO 농산물로 만든 것인지 확인하는 것은 너무 당연한 소비자의 권리이기 때문이다.

한편, 남북 간 신뢰 회복을 위한 남북대화가 일정한 궤도에 오르고 한반도에 평화와 통일의 기운이 회복되면 대북 식량지원을 전략적으로 시행할 필요가 있다. 차관으로 주고 지하자원으로 받으면 서로에게 도움이 된다. 현재 정부양곡 보관비용만 700억 원 가량이 드는데 그 비용도 절감할 수 있고, 대북지원을 통해 쌀값도 안정된다.

또한 나는 농민 기본소득을 제안한다. 농촌에 대한 정부의 각종 재정지원을 정리해서 농민 기본소득제를 도입하자. 가구당 매월 얼마 식으로 현금을 지원해주는 식이다. 일본은 이미 부분적으로 도입하고 있다. 농민은 소득은 적지만 우리나라의 전략산업을 지키는, 일종의 공익집단의 성격이 있다. 따라서 기본소득으로 보호해줘야 한다. 기존의 낭비성 예산을 정리하면 추가 예산이 크게 들지도 않는다. 지금 농촌에 기반시설이라는 이름으로 효용성이 크지 않은 도로 같은 각종 시설을 많이 만들고 있는데, 이렇게 낭비되는 비용을 줄이면 상당한 예산을 마련할 수 있다. 가구당 월 40~50만 원 정도 지급하면 전체 농가에 7조 원 정도가 들어간다. 추가 예산은 농축

어업의 희생을 바탕으로 한 수출에서 막대한 이익을 얻
는 재벌 대기업에 정상화한 법인세를 부과하고 그 일부
를 사용하면 된다.

8장
에너지 정책

우리도 '원전 제로' 시대로

신재생에너지에 대한 투자는
일자리 창출로도 이어진다.
우리도 원전제로화 정책을 채택해야 한다.

2011년 일본 후쿠시마 원전 폭발사고 이후 독일, 스위스, 이탈리아 등은 원자력발전소를 점차 가동 중단 또는 폐쇄하고 있다. 후쿠시마 이후 원전의 안전성과 경제성 신화는 무너졌다. 그러나 한국의 원전 예찬론자들은 원전 고수 정책에서 한발도 물러서지 않고 있다. 에너지를 많이 쓰는 중화학공업을 중시하는 산업론자들이 대개 이 부류다. 이들이 원전 정책을 고수하면서 주장하는 논리는 원전이 발전단가가 싸니 한국처럼 에너지 자원이 빈약한 나라는 핵발전소가 불가피하다는 것이다. 신재생에너지 비중이 극도로 낮은 상황에서 원전 이외에 대안이 없다는 것도 원전 옹호 논리의 하나다.

이는 발전단가만 따지는 정말 낡고 단편적인 발상이다. 원전은 결코 싸지 않다. 폐기물 관리 비용, 사고 위험성 등을 비용으로 계산하면, 원전은 오히려 매우 비싼 에너지가 아닐 수 없다. 원전 외에 대안이 없다는 주장도 무책임하다. 우리보다 일조량이 적은 독일은 신재생에너지 확대에 주력하면서 130만 대 이상의 태양광 발전설비를 설치했다. 우리나라 누적 설치량의 30배가 넘는다. 결국 대안이 없는 게 아니라 의지가 없는 것이다.

더구나 우리나라도 지진 안전지대가 아니다. 2016년 9월 경주 지진은 온 국민을 두려움에 떨게 했다. 노후 원전은 당장 가동을 중단해야 한다. 신규 원전 건설은 중단하고 가동 중인 원전은 순차적으로 폐쇄해야 한다. 정부는 경주 원전 아래 양산단층이 활성단층이라는 결론을 내고도 사회적 파장을 고려해 공개하지 않은 것으로 드러났다. 활성단층 위에 원전을 짓는 행위는 국민들에게 언제 터질지 모르는 시한폭탄을 안고 살라는 것이다. 양산단층과 인접한 영남권 인구만 해도 1천만 명이 넘는다. 북핵 이전에 남한의 원전 안전부터 걱정해야 하는 처지다. 결국 원전 중심의 에너지 정책은 국민을 볼모로 한 무모한 정책이었다. 정말 섬뜩한 일이 아닐 수 없다.

원전은 짓게 되더라도 지진이나 지각 변동이 일어날 가능성이 없는 곳에 설치해야 하는데 우리는 하필이면 그동안 한반도에서 지진이 가장 많이 일어나는 곳을 골라 원전을 지은 꼴이 됐다. 미래 세대에 죄를 짓지 않기 위해서라도 원전은 중단돼야 한다. 대체에너지 개발에 투자하고, 에너지 기본 계획을 전면 재검토해야 한다.

우리가 손을 놓고 있을 때 선진국들은 저만치 앞서가고 있다. 2016년 5월, 포르투갈은 나흘간 풍력, 수력, 태양열 등 신재생에너지로 얻은 전기만으로 전 국토에 전력을 공급했다. 당시 유럽풍력에너지협회(WETA)는 "포르투갈이 스웨덴에 이어 완전한 에너지 대체를 실현했다"고 밝혔다. 유럽 대부분의 국가들은 전체 발전 비중에서 신재생에너지 발전 비중이 30%가 넘는다.

신재생에너지에 대한 투자는 일자리 창출로도 이어진다. 우리도 독일 같은 나라들처럼 원전제로화 정책을 채택해야 한다. 원전은 결코 값싼 에너지가 아니라 비싸고 매우 위험한 에너지다.

위험해도 경제적인 논리를 앞세우며 원전을 짓는 나라에서 정작 국민들은 전기요금 무서워서 에어컨 켜기가 겁난다. 너무 더워서 일상생활을 하려면 어쩔 수 없이 켜야 하는 에어컨도 사용을 주저하게 만드는 가정용 전기요금 누진제는 반드시 손봐야 한다. 기업에는 원가 이하 공급이라는 특혜를 주고, 서민 가정은 누진제로 수탈하는 전기요금제를 누가 참을 수 있겠는가. 서민 주머니를 털어 재벌 뱃속을 채워주는 건 국가가 국가의 역할을 포

기한 행동이다. 원전과 대안에너지, 전기요금과 같은 문
제들도 상식선에서 합리적으로 처리해야 할 일이다.

3부

이재명의
복지 혁명

9장
기본소득

보편복지는 시대의 요구다

대한민국이 처한 심각한 불평등과 양극화를
해소하기 위해 그리고 말라가는 초원에
물이라도 대주려면
기본소득은 반드시 도입해야 한다.

＊

한국 사회에서 가장 큰 문제를 꼽으라면 불평등, 불공정, 격차를 들 수 있다. 정규직과 비슷한 일을 하면서 임금은 절반만 받는 비정규직 문제, 기업소득에 비해 쪼그라든 노동소득 탓에 1,300조 원으로 불어난 가계부채는 곪을 대로 곪아서 더 방치할 수 없는 상태다. 정부가 조세와 복지 등 재분배를 잘해서 바로잡아야 하는데, 우리나라는 분배가 강자 위주로 왜곡되어 있다. 이명박·박근혜 정권은 기득권층 소수 강자의 이익을 챙겨주는 역할에만 충실했을 뿐, 시대정신인 보편적 복지 확대에는 지극히 인색했다.

OECD 통계에 따르면, 2015년 대한민국 정부(지방정부 포함)가 지출한 돈은 국내총생산(GDP) 대비 31%로 OECD 회원국 가운데 가장 낮은 수준이었다. 한마디로 박근혜 정부는 '짠돌이 정부'였다는 말이다. 2014년 기준

GDP 대비 사회복지 지출은 10.4%로 OECD 평균의 절반 이하로 꼴찌에서 두 번째다. 우리나라보다 낮은 나라는 멕시코밖에 없었다. 그 결과, 조세 및 공적이전소득이 불평등을 개선하는 효과는 OECD 평균의 4분의 1 수준이다.(OECD 평균 31.1%, 한국 8.8%) 인구 고령화로, 복지 정책을 적극적으로 펼치지 않는다 해도 복지 지출은 자연히 증가하게 돼 있다. 이를 감안하면 이명박·박근혜 정부의 복지 지출은 생색내기에 불과했다는 말이 된다. 그러면서 4대강 삽질에 31조 원을 쏟아 붓고, 실체도 불분명한 창조경제에 예산을 낭비하고 기업들을 동원했다.

재벌만 잘 사는 나라, 가진 자들만 잘 사는 나라가 아니라 열심히 공부하는 청년 학생들이, 땀 흘려 일하는 노동자들이, 대한민국 성장에 기여하신 우리 부모님들이 모두 함께 잘 사는 공동체를 만들어야 한다. 이를 위해서는 선별적 복지를 넘어 보편적 복지로 나아가야 한다. 우리 사회 공동의 재산으로부터 생기는 이익은 공평하게 나눠야 한다. 그래서 땀 흘려 일하면 누구나 잘살 수 있다는 믿음으로 희망을 꿈꿀 수 있는 국가를 만들어야 한다.

나는 보편적 복지 확대 방안으로 기본소득을 제안한다.

"기본소득은 모든 개개인에게 일을 하든 안 하든, 가난

하든 부유하든 따지지 않고 국가에서 조건 없이 지급하는 소득을 말한다. 기본소득은 이미 19세기의 노예해방, 20세기 투표권 확대에 이어 오늘날 인간다운 삶을 위한 혁명적 정책으로 활발히 논의되고 있다. 특히 점점 극심해지는 불평등과 빈곤 문제, 그리고 다가올 인공지능과 4차 산업혁명 때문에 발생할 대규모 실업 같은 사회구조적 문제를 풀어낼 획기적인 정책으로 검토되고 있다."
— 다니엘 라벤토스,《기본소득이란 무엇인가》

기본소득으로
불평등과 양극화 해소

성남은 이미 기본소득 실험을 하고 있다. 바로 청년배당이다. 3년 이상 성남시에 거주한 만 24세 청년들에게 연간 100만 원의 지역화폐(성남사랑상품권)를 지급한다. 청년배당을 받은 대부분의 청년들은 실생활에 도움이 됐다고 긍정적으로 평가했다. 청년들은 "정부라는 존재를 처음 느끼게 된 아주 소중한 경험이었다"며 고마워했다. 게다가 상품권은 성남 내에서 재래시장 골목상권에서만 소비되기 때문에 지역경제 활성화에 도움이 된다.

성남시의 청년배당이 한국 사회에서 기본소득 논의에

불을 댕기는 불쏘시개가 되기를 바란다. 저성장으로 커진 고용 불안과 소득 불안으로 유효수요가 부족해진 이때에 기본소득은 해법이 될 수 있다. 우리 경제가 창출한 이윤을 균등하게 나눔으로써 경제를 순환시키는 효과도 낼 수 있다. 분배 악화라는 동맥경화를 치료하는 처방이기도 하다. 일석이조, 일석삼조의 정책이다.

기본소득 논의는 하늘에서 뚝 떨어진 게 아니다. 이미 오래 전부터 토마스 모어와 버트런드 러셀, 클리퍼드 휴 더글러스 같은 사람들이 저술과 발표에서 논의를 이어왔다. 핀란드는 2017년부터 단계적으로 기본소득을 확대해 전 국민에게 보편적인 기본소득을 주기 위한 실험에 나설 계획이고, 브라질과 독일 등에서도 제도 도입을 위한 토론이 활발하게 벌어지고 있다.

대한민국이 처한 심각한 불평등과 양극화를 해소하기 위해 그리고 말라가는 초원에 물이라도 대주려면 기본소득은 반드시 도입해야 한다. 우리나라는 이미 65세 이상 노인들에게 월 20만 원을 지급하는 '기초연금'을 시행하고 있다. 당선 후 예산을 핑계로 대폭 후퇴하기는 했지만, '65세 이상 모두에게 무조건 20만 원 지급'이라는 공약은 대표적인 부분적 기본소득제도다. 무려 박근혜 정부가 시행하고 있다. 여기서 더 나아가 아동-청년-중년-노

년의 각 생애를 잇는 기본소득을 보장하는 복지시스템을
구축해야 한다.

자본주의 시스템의 한계를 보완하기 위해 기본소득 정
책으로 대전환하자고 제안한다. 누구나 혜택받는 보편적
복지 강화로 소득을 공평하게 분배하고, 이를 통해 멈춰
가는 경제를 다시 돌아가게 하자. 경제성장이 불가능한
상태에서 성장을 아무리 외친들 말만 앞세운 대국민 사
기극일 뿐이다. 복지로 국민의 주머니를 채워서 멈춰가
는 경제가 선순환으로 흐르게 하자.

10장
공공의료

국민의 생명 수호는 국가의 의무

국가의 제1 의무는
국민의 생명과 안전을 지켜주는 것이다.

건강에 관심이 높아지고 수명이 길어지면서 병원을 찾는 사람들이 늘고 있다. 그에 따라 국민의 의료비 부담도 급격히 증가하고 있다. 국민건강보험의 보장 범위가 커지고 있지만 갑자기 중병에 걸리거나 사고를 당하면 생활과 생계에 어려움을 겪는 게 보통이다. 소득이 넉넉한 사람들은 괜찮다. 결국 의료비 문제도 가진 게 없는 사람들의 문제다. 나는 이런 현실의 개선책으로 국·도·시립의료원, 국립대학병원, 보건소 등 공공의료 기능을 대폭 확충할 것을 주장한다. 지금은 공공의료가 넉넉하게 보장되지 못하니, 수많은 국민이 매월 수십만 원 씩 민간보험료를 내며 노년을 대비하고 있다. 이런 각자도생은 결국 국가적 낭비를 초래하고, 국가 책임을 개인에게 떠넘기며 민간보험사의 배만 불려주게 된다.

공공의료를 강화해야 한다. 공공의료는 비용이 상대적

으로 저렴하고 대기 시간이 짧고 과잉진료를 피할 수 있으며 비급여항목도 최소화되는 장점이 있다. 우리나라의 공공의료는 전체 의료기관 기준으로 5.5% 수준밖에 안 된다. 병상 수 기준으로도 9.8%에 불과하다. 유럽은 말할 것도 없고, 미국이나 멕시코 등 OECD 국가 평균에도 한참 못 미치는 낯 뜨거운 수준이다. 대부분의 나라들은 비록 후진국이라도 공공의료가 차지하는 비중이 30%를 넘는다. 국민건강보험의 보장성을 더 높이고, 공공의료 비중도 높여야 한다.

공공의료는 개인적으로 인연이 깊은 영역이다. 인권변호사와 시민운동가로 살다가 정치를 하게 된 계기가 바로 공공의료 문제였다. 시민을 위한 시립의료원 설립 운동을 하다가 제도권 정치의 벽에 막혀 좌절하며, 날치기에 항의한 죄로 교회 지하에 숨어 지내며 수배를 피하던 때였다. 2004년 3월 28일 오후 5시! 정치에 직접 뛰어들어 내 손으로 공공의료기관을 만들겠다고 다짐했다. 당시의 다짐은 성남시립의료원 2017년 완공 예정이라는 결실로 이어졌다. 성남은 앞으로 공공의료 논의를 확산하는 데 선구적이고 모범적인 역할을 하게 될 것이다.

국가가 다수 국민이 아니라 소수 기득권자들의 이익 보호에 힘을 사용하면서, 국민들은 국가의 역할을 진지하게 묻기 시작했다. 국가의 의무는 무엇인가? 국가의 제 1 의무는 국민의 생명과 안전을 지켜주는 것이다. 외부의 침략으로부터, 재난과 재해로부터, 질병으로부터 지켜야 한다. 이를 위해 국가는 지속적으로 투자해야 한다. 공공 의료 강화는 그 가장 좋은 사례다. 세금을 걷어 4대강이니 자원외교니 방산비리니 창조경제 같은 엉뚱한 데 쓸 것이 아니라 국민의 복지 증진에 써야 한다.

말이 나온 김에 복지에 관한 내 생각을 조금 더 밝히자면, 우리 헌법 34조 2항에서는 "대한민국은 국민이 낸 세금으로 국민의 복지를 증진할 의무가 있다"고 분명히 규정하고 있다. 국민으로부터 권력을 위임받아 국가를 경영하는 머슴들은 이 의무를 이행해야 한다. 복지는 공짜나 낭비가 아니라 국민의 권리라는 뜻이다. 정부는 국민이 낸 세금에서 낭비를 줄이고 꼭 필요한 곳에만 쓰고 최대한 아껴서 복지로 돌려줘야 한다. 보수 진영에서는 복지 확대에 대해 재정파탄을 가져오는 "악마의 속삭임"이라며 공격한다. 만약 이를 인정한다면 당장 성남시를 보라. 성남시는 그야말로 '증세 없는 복지 확대'를 했지만 오히려 부채는 줄였다. 복지 확대는 시대적 요구다. 복지는 자본주의 시스템의 폐해를 보완하는 최소한의 안전장치이자 경제 선순환을 가져오는 마중물이다.

11장
성남 복지 전국화

성남의 복지는 대한민국에
적용 가능한가?

재벌과 초고액 소득자 증세 및 서민 감세는
조세 부문에서의 공정성을 확보하는 일이면서,
대한민국이 보편적 복지국가로 나가기 위한
주요 발판이다.

대한민국 국민이라면 누구나 인간다운 삶을 누려야 한
다. 헌법과 국민이 주인인 민주공화국의 가치를 소중히
여기는 나는 성남의 머슴으로 지방정부를 운영하면서 시
민의 행복한 삶을 위해 노력해왔다. 시민들의 소중한 세
금을 아끼고 또 아껴서 복지로 돌리기 위해 절치부심했
다. 세금 사용에 대한 나의 원칙은 분명하다. 세금은 국민
의 생명과 안전, 공정한 질서의 형성과 유지 등 필요한 곳
에 우선 쓰되 최소한으로 사용하고, 국민의 삶의 질을 개
선하는 복지에는 최대치를 써야 한다. 민주공화국에서
복지는 시혜나 공짜가 아니라, 세금을 내는 국민의 정당
한 권리이다.

　이런 원칙 아래 성남시는 헌법과 법률에 따라 부정부
패, 예산 낭비, 세금 탈루를 막아 예산을 확보했고 복지를
확대하는 정책을 시행했다. 알뜰살뜰 살림을 꾸려 노인

복지와 출산·보육·교육 지원에 수백억 원의 예산을 투입했다. 이렇게 해서 성남시는 전국 최고의 복지도시로 이름을 날렸고, '이사 오고 싶은 도시'로 변모했다.

중앙정부는 성남시의 이런 노력을 지원하기는커녕 불법적 시행령으로 복지 포기를 강요했지만, 나는 2016년에 무상 산후조리 지원 56억 원, 무상복지 지원 25억 원, 청년배당 113억 원 등 모두 194억 원의 필요 예산을 확보해 3대 무상복지 정책을 전면 시행했다. 정부는 '독자 복지사업 추진 시 페널티 부과' 등으로 압박했고, 경기도지사는 정부의 청부를 받아들여 성남시를 상대로 복지금지 소송을 내면서 방해했다. 하지만 나는 100만 성남시민의 이익과 성남의 지방자치 그리고 대한민국의 민주주의를 위해 포기하지 않았다.

성남시의 3대 무상복지에 당사자들은 만족도가 높았고, 전액 지역화폐로 지급했기 때문에 지역경제 활성화, 특히 골목상권과 재래시장 살리기에 큰 도움이 됐다. 나는 성남에서 한 것을 대한민국 표준으로 만들고 싶은 바람이 있다. 정부는 '증세 없는 복지'를 약속하고는 실제로는 '복지 없는 증세'라는 역주행을 하고 말았다. 그러나 성남시는 박근혜 정부가 실천하지 못한 '증세 없는 복지'를 실천했다.

재벌과 초고소득자 증세로
재원 마련

경기도의 한 기초지자체에서 했던 작은 경험을 국가에 적용할 수 있겠냐고 묻는 분들이 있다. 당연한 질문이다. 나는 충분히 가능하다고 답하겠다. 다른 지자체들은 하지 않았지만 성남시만 시행했던 복지 정책의 경우, 예산을 다 합쳐도 1천억 원이 안 된다. 성남시 인구가 98만 명이니 대개 1인당 10만 원 정도다. 그 1천억 원을 들여 무상교복에 25억 원, 초등학교 4학년 전원 치과치료 3억 원, 청년배당 100억 원, 국가유공자 보훈수당 연 60만 원 지급, 보육교사와 사회복지사 처우 개선, 차액보육료 지원, 창의교육 지원, 노인 일자리, 장애인 정책에까지 쓸 수 있었다.

정부가 성남시처럼 복지정책을 하는 데 얼마가 들지 단순하게 계산해보면, 대한민국 전체 인구가 5천만 명이니 5조 원 정도다. 정부예산은 추경까지 더하면 420조 원가량 되는데, 10%를 아끼면 42조 원이고 7%를 절감하면 약 30조 원이다. 5조 원은 1% 남짓이니 마음만 먹으면 얼마든지 마련할 수 있다. 쓸데없는 사회간접자본(SOC, 도로·교량·철도 등을 일컫는 말) 투자를 좀 줄이고 알뜰하게 쓰기만 한다면, 그리고 대통령이 관심을 갖고 지시하면 일주일 안에도 만들 수 있는 돈이다. 돈이 없어 못하는 것이 아니라 결국은 국민으로부터 권력을 위임받아 살림을 마련하는 머슴의 의지와 철학의 문제다. 돈이 없어서가 아니라 도둑이 너무 많은 게 문제 아닌가? 물론 우리 사회의 심각한 격차 문제를 해결하면서 가계소득을 늘려주기 위해서는 더 많은 재원이 필요하다.

단순히 예산을 아껴 쓰는 방식만으로는, 사회에 꼭 필요한 복지를 충분히 감당할 수 없다. 그래서 재벌 증세와 초고액 소득자 증세와 조세감면 축소로 20조 원을 추가로 마련하는 방안을 제시한다. 전체 기업 59만여 개의 0.08% 수준인 약 440개 대기업이 연간 영업이익 500억 원 이상을 버는데, 500억 원 이상 영업이익에 대해서만 법인세를 현재 22%에서 30%로 8% 인상하면 연평균 약 15조 원의 재원을 마련할 수 있다. OECD 주요 국가 평균 실효세율이 22% 선인데 우리나라 대기업은 15% 남짓이다. 미국 35%, 일본 34%, 프랑스 33%에 훨씬 못 미친다. 또 과세표준 10억 원 이상 초고액 소득자 6천 명에 대해 10억 원 이상 부분만 최고세율인 50%로 올리면 2조 4천억 원을 마련할 수 있다. 그리고 대기업과 고소득자에 대해 지나치게 혜택이 많은 현행 조세감면제도를 손보면 4~5조 원은 충분히 마련할 수 있다.

이렇게 만든 재원 20조 원에다가 앞서 지적한 대로 불필요한 SOC 축소 등 재정절감분 30조 원을 더하면 50조 원 이상의 복지재원이 마련된다. 성남시정을 운영해본 결과 예산의 7% 수준을 절감해도 살림살이에는 문제가 없었다. 지방자치단체보다 예산낭비 요인이 훨씬 큰 중앙정부는 10% 이상 예산 절감이 가능할 것으로 보인다.

이렇게 마련한 복지재원 50조 원은 65세 이상 어른들의 기초연금 인상에 4조 원 가량(1인당 월 20만 원 → 30만 원), 출생부터 초등학교 졸업까지 12년간 월 10만 원 아동수당 지급에 7조 원, 고교 무상교육에 약 3조 원(또는 월 10만 원 학생수당), 19세부터 25세까지 월 10만 원의 청년배당 5조 원, 농어민 기본소득으로 가구당 월 30만 원씩 지급하는데 약 5조 원, 대학교 반값등록금에 4조 원을 쓴다 해도 29조 원에 불과해 여전히 21조 원이 남는다.

기본소득 도입은 또 하나의 혁명적인 정책이 될 것이다. 독자 여러분도 남은 돈을 어떤 방식으로 쓸 수 있을지 상상하고 제안해보시기 바란다. 50조 원은 모든 국민에게 매년 100만 원씩 지급할 수 있는 돈이고, 가구당 3인 가족 기준이면 연간 300만 원씩 지원된다! 부자에게 100만 원을 주면 곳간으로 들어가고 장부상 숫자에 불과하게 되지만 가난한 사람에게 주면 소비 성향이 높아 전액을 살림살이에 쓰게 된다. 당장 100만 원의 경제효과가 생긴다는 뜻이다. 내수 확대 없이는 경제가 성장 모멘텀을 마련하기 어려운 이때에 대다수 국민들이 소비하는 현금은 활기를 잃어가는 경제에 생명수 역할을 할 것이 분명하다.

정부는 증세 없는 복지를 약속하고는 복지 없는 증세, 그것도 담뱃값 인상처럼 꼼수 서민 증세를 해왔다. 그러므로 재벌과 초고액 소득자 증세 및 서민 감세는 조세 부문에서의 공정성을 확보하는 일이면서, 대한민국이 보편적 복지국가로 나가기 위한 주요 발판이기도 하다. 조세 저항을 우려하면서 법인세를 올리면 기업들이 해외로 나갈 것이라는 주장들이 있다. 트럼프 미국 차기 대통령이 법인세 인하를 공약으로 내걸긴 했지만, 현재 미국의 법인세는 35%로 우리의 현행 법인세 22%보다 한참 높다. 또 기업이 법인세 하나만으로 해외 투자를 결정하지는 않는다. 투자 인프라, 환경 등 더 많은 요인들이 있다.

또한, 국토보유세를 신설하면 연간 15조 원 정도를 더 걷을 수 있다. 국토보유세를 기본소득 목적세로 만들면 전 국민에 연간 100만 원의 기본소득 외에 30만 원의 토지배당을 추가로 지급할 수 있다.

우리나라는 개인 중에 10%가 전체 개인이 가진 토지

의 66%를 소유하고 있다. 법인 중에 1%가 전체 법인 소유 토지의 75%를 소유하고 있다. 소수가 가진 토지에서 생기는 불로소득이 건물까지 합쳐 400조 원 이상이고, 토지만 300조 원인데 과세가 제대로 안 되고 있다. 국토보유세를 도입하면 부동산 투기를 막고, 자산 불균형을 해소할 수도 있다. 국민의 95%는 이미 내는 재산세보다 조금 더 내면서 훨씬 많이 받게 되고, 손해를 보는 측은 5%뿐이다.

국민이 공직자에게 권력이라는 공식적 힘을 맡긴 것은 어려운 일에 힘껏 노력해달라는 것이다. 강자가 동의하지 않으면 아무것도 못하면서 강자에 빌붙어 호사나 누리라고 준 게 아니다. 서민 감세는 담배세 인하를 염두에 둔 것이고, 장기적으로는 저부담·저복지에서 중부담·중복지로 옮겨가야 한다. 기본소득 목적세로 세금 부담을 늘리되 국민 대다수가 그보다 더 많이 이익을 볼 수 있다는 믿음이 생기면 기본소득을 목적으로 하는 증세에 국민 대다수가 동의할 것이다. 그러면 우리도 초보적이나마 유럽형 복지국가로 나아갈 길이 열릴 것이다.

4부

이재명의
평화 혁명

12장
평화통일

통일은 밥이다

국민의 생명과 안전을 위해서도,
국민이 함께 잘사는 경제를 위해서도,
인도적 차원에서도, 국가적 이익을 위해서도
우리가 가야 할 길은 명확하다.

통일은 우리 민족의 힘으로 꼭 풀어야 할 역사적 과제다. 우리의 의지와 무관하게 한반도가 외세에 의해 갈라진 지 70년을 훌쩍 넘기고 있다. 통일이 역사적 과제라는 건 두 동강난 영토를 하나로 합쳐야 한다는 당위만 말하는 게 아니다. 평화통일은 바로 국민들의 안전과 생명, 행복한 미래를 위한 전제이다. 한반도 평화 없이는 국가의 제1 의무인 국민의 안전과 생명을 지킬 수 없다.

"모든 국민은 인간으로서의 존엄과 가치를 가지며, 행복을 추구할 권리를 가진다."

헌법 제10조에서 보장하는 국민의 첫 번째 권리인 인간의 존엄권과 두 번째 권리인 행복 추구권이다. 우리가 인간의 존엄을 지키며 행복한 삶을 추구하려면 우리가 살고 있는 한반도가 평화롭고 안전해야 한다. 우리의 외교 안보 정책, 대북 정책의 가장 큰 목적은 국민의 생명을 지키는 것이 돼야 한다. 평화는 국민의 생명을 지키는 가장 확실한 방법이다. 국방을 강화하는 것도 강력한 억지력을 통해 국민의 생명과 안전을 지키기 위한 것이지, 북한과의 전쟁에서 이기려는 게 1차 목적이 아니다. 대북관계도 우리의 평화와 안전을 지키기 위한 수단이다. 아무리 비싸고 더러운 평화도 이긴 전쟁보다는 낫다.

전쟁은 우리의 모든 것을 한 번에 앗아가는 비극이다. 1994년 북핵 위기 당시, 전쟁이 발발할 경우를 가정해 산정한 피해액 규모는 무척 충격적이었다. 한반도에서 전쟁이 발발하면 3일 만에 150만 명의 사상자가 발생하는 것으로 추산됐다. 재산 피해는 무려 100조 원에 달하고, 전쟁으로 무너진 건물 등을 재건하는 데 10년이나 걸리는 것으로 추정됐다. 20여 년 전 추정치인 만큼 현 시점을 기준으로 다시 계산한다면 그 피해액은 어마어마하게 늘어날 것이다. 그야말로 회복불능의 민족적 재앙이다. 무슨 일이 있어도 전쟁만은 막아야 한다.

동족이 서로 총부리를 겨눈 비극은 끝났지만 엄밀히 말하면 전쟁은 끝나지 않았다. 1953년 정전협정을 맺고 일시적으로 중단한 상태일 뿐이다. 국가의 가장 큰 임무는 국민의 생명과 안전을 지키는 것이다. 따라서 정부는 한반도의 전쟁 위험을 줄여야 하며 궁극적으로는 평화와 통일의 길로 나서야 한다.

평화통일을 해야 하는
너무 많은 이유

매년 증가하는 국방비는 정부 예산의 10% 정도로 2017년엔 40조 원 규모다. 한반도에 항구적인 평화가 찾아오면 병력 규모를 줄이고, 무기 개발 및 구입에 막대한 예산을 쏟아붓지 않아도 된다. 국가 안보는 아무리 강조해도 지나치다고 할 수 없을 만큼 중요하다. 평화와 통일로 국방 예산을 줄일 수 있다면 이 돈을 국민복지 증진에 쓸 수 있으니 이 얼마나 즐거운 상상인가?

경제적으로도 평화통일은 우리에게 큰 이익이 된다. 남북 분단으로 우리가 부담하는 분단 비용이 막대하기 때문이다. 외채를 빌릴 때 상대적으로 높은 이자를 감수해야 하고 주가도 할인 거래된다. 이른바 코리아 디스카운트다. 평화가 정착되고 통일이 된다면 사라지는 비용이다. 남북 간 긴장이 고조되어 전쟁 위협이 커지고 안보가 불안해지면 국제 사회에서 국가 신용도가 하락하고 경제 리스크가 커진다. 그러면 코리아 디스카운트의 부담은 더욱 늘어나고 외국인들은 투자를 망설일 수밖에 없다.

한편, 평화통일은 우리에게 새로운 기회의 장을 열어줄 것이다. 한국 경제는 새로운 먹거리를 찾지 못해 위기인데, 남북 화해와 평화통일은 새로운 시장을 제공해줄 것이다. 단적인 예로, 2007년 10·4 남북정상선언 때 합의한 남북경협사업만 성공적으로 추진해도 한국은 최대 55조 원의 경제 효과를 볼 수 있다고 통일연구원은 전망했다. 북한은 인건비가 싸면서도 수준 높은 노동력을 보유하고 있다. 자원 역시 풍부하다. 그야말로 블루오션이다.

이런 사실은 누구보다 기업인들이 잘 알고 있다. 남북 관계 경색으로 남과 북이 모두 윈-윈 할 수 있는 이 거대 시장이 방치되고 있는 건 우리에게도 큰 손실이다. 경제적 이익이 큰 남북경협은 한반도 평화를 만드는 데도 큰 역할을 한다. 개성공단이 그 방증이다. 남북경협은 한국 기업인들에게 활로를 열어주는 길이고, 한국 경제의 발전에도 톡톡히 기여할 것이다. 멀리 보면 남북 간 격차를 줄여 통일비용을 줄이는 효과도 있다. 남북 이산가족의 고통과 한숨을 없애주는 인도적 차원에서도 그 필요성은 크다.

다시 강조하지만, 국민의 생명과 안전을 위해서도, 국민이 함께 잘사는 경제를 위해서도, 인도적 차원에서도, 국가적 이익을 위해서도 우리가 가야 할 길은 명확하다. 남북 간에 교류 협력을 해서 한반도에 평화를 정착시키고 통일의 문을 여는 것이다. 강경일변도로 북한을 제재 압박하고, 대화채널을 끊고 봉쇄하며 군비경쟁을 통해 무기를 늘리는 것이 국민의 생명을 지킬 수 있는 최선의 길이라면 그렇게 하면 된다. 그러나 이런 방식이 효과가 전혀 없다는 것은 이미 증명된 사실이다. 미국의 전략적 인내 정책과 한국의 재재압박 일변도 강경책은 오히려 북한의 핵과 미사일 개발 속도만 더 높여 한반도와 동북아 정세를 더 불안하게 만들었다. 북의 핵 개발 과정을 보면 제제와 압박만으로는 평화를 지킬 수 없다는 것이 바로 확인된다. 남북 간 교류 협력을 강화했던 노무현 정부 때는 북한이 단 한 차례만 핵실험을 했지만, 교류를 중단하고 제재 압박을 강화했던 박근혜 정부에 들어와서는 북한이 세 차례나 핵실험을 하고 핵기술을 발전시켰다.

남북관계 발전은 국민의 생명과 안전을 지키고 국가를 발전시키는 수단이다. 우리의 판단 기준은 '국민의 생명과 안전을 지키는 데 어떤 것이 최선이냐'가 돼야 한다. 대통령이 관련법을 어기고 불법 졸속으로 폐쇄한 개성공단을 신속히 다시 열어야 한다. 서로 이해할 수 있는 명분을 만들어 중단된 금강산 관광을 재개하는 등 남북 교류 협력을 다시 시작하고 확대하는 것이 한반도 평화 체제를 구축하는 길이다. 물론 남북관계 개선을 위한 조치를 하기 위해서는 북한도 성의와 노력을 보여야 한다. 물론 국민의 동의 없이 일방적으로 진행해서는 안 될 일로 국민을 설득하고 동의를 얻는 과정도 반드시 필요하다.

남북 간 교류 협력을 통해 평화를 정착시키고 통일의 길로 가면, 통일 한국은 약소국을 벗어나 일본에 버금가는 동북아 5대 강국(미·중·러·일·한)으로 역사의 무대에 당당히 서게 되고, 아시아와 세계의 평화와 발전에도 크게 공헌할 것이다. 평화가 보장된 상태에서 한국 국민들이 기차로, 버스로 시베리아와 몽골을 넘어 중앙아시아와 유럽에까지 닿는 광경을 상상해보자. 생각만으로도 가슴이 벅차다.

김대중·노무현 정부는 한반도 평화와 통일이라는 민족의 숙원을 풀기 위해 공든 탑을 쌓아왔다. 그러나 이명박·박근혜 정부에서 공든 탑은 무너졌고 남북관계는 최악의 나락으로 떨어졌다. 이제라도 서둘러 폐허 위에 다시 집을 지어야 한다. '역사는, 벽을 문이라고 생각하고 그냥 박차고 나가는 거야!'라고 했던 문익환 목사의 말씀

대로 벽을 박차고 나가 문을 열자. 그 문을 열고 파탄 난 남북관계를 혁명적으로 변화시키자. 한반도에 평화가 가 득 차 흘러넘치게 하자.

평화와 통일은 국민의 생명이다.
평화와 통일은 국민의 밥이다.

13장
선택적 모병제

복무기간 10개월로도
평화는 가능하다

병력 감축과 무기 첨단화에 선택적 모병제를
시행하면 큰 비용을 더 들이지 않고도
'스마트 강군'으로의 전력 강화와
의무복무기간 단축이라는 두 마리 토끼를
동시에 잡을 수 있다.

국가의 첫 번째 임무는 국민의 생명과 안전을 지키는 일이다. 그 책무를 다하려면 국가 안보가 튼튼해야 한다. 그동안 안보는 보수의 전유물로 여겨졌다. 그러나 이건 그야말로 허상일 뿐이다. 헌법이 정한 가치와 질서를 무너뜨린 가짜 보수들은 말로만 "애국! 안보!"를 외쳐왔다. 가장 비애국적인 집단이 애국을 노래부르다시피 하다 보니 애국의 의미마저 희미해지고 있다. 마치 어떤 단체 때문에 '어버이'라는 단어의 의미가 달리 느껴지는 것과 마찬가지다.

이와 유사한 사례는 흔하다. 집권 과정으로 본다면 역대 대통령 중 가장 잔인하고 부정의한 자가 바로 전두환이 아닌가. 전두환은 광주에서 총칼로 수백 명의 국민을 죽이고 집권한 자인데, 가장 부정의한 그가 가장 많이 쓴 말이 바로 '정의'였다. 마찬가지로 가짜 보수는 '안보'를 입에 달고 살면서 정작 안보를 해치는 일을 저질러왔다.

국민의 소중한 세금을 적재적소에 쓰면서 안보를 튼튼하게 하라고 했더니 박근혜 정부는 방산비리를 저질러 국가 안보를 위협했다. 단적인 예로 해군이 도입키로 한 해상작전 헬기 와일드캣은 대잠수함 작전 가능 시간이 38분밖에 안 되는 것으로 밝혀져 큰 논란이 일었다. 알고 보니 전 합참의장이 와일드캣 도입 때 뇌물을 받은 것으로 드러났다. 안보를 지키라 했더니 생선가게 고양이처럼 생선을 도둑질을 하고 있었던 것이다.

안보의 가장 큰 목적은 전쟁에서 이기는 것이 아니라, 국민의 생명을 지키는 것이다. 이를 위해서 가짜 보수가 말로만 하는 안보가 아니라 진짜 안보를 위한 토대를 구축해야 한다. 세금을 도둑질해 국가 안보를 위협하는 방산비리는 뿌리째 뽑아야 하고, 국방 개혁, 군 구조 개혁을 신속히 추진해야 한다.

국방 개혁은 병력 감축과 장비 무기의 첨단화가 핵심이다. 징병제를 기반으로 한 한국군 규모는 63만 명 수준으로 알려져 있다. 전쟁이 나서는 안 되겠지만 현대전을 좌우하는 건 군인의 머릿수가 아니다. 가슴 아픈 역사지만 과거 동학혁명 당시 개틀링 기관총으로 무장한 소수 일본군이 죽창을 든 3만 명 동학혁명군을 전멸시키는 데

하루면 충분했다. 현대전은 이보다 더하다. 아파치 헬기 1개 중대(6대)는 100여 대의 전차와 장갑차로 편성된 기계화연대를 단숨에 초토화시킬 정도의 강한 전투력을 갖고 있다. 이제 국방은 무기를 첨단화해야지 대규모 병력을 유지하는 데 예산을 쏟아붓는 건 옳지 않다. 이미 정부는 국군 규모를 50만 명으로 감축하는 국방개혁안을 발표한 바 있는데, 이런저런 핑계를 대면서 감축 시기를 늦춰왔고 감축 규모도 축소해왔다. 병력 감축을 회피하는 건 군 장성들에게 별을 달아주고, 보직을 주고, 부하를 줘야 하기 때문이라는 건 이미 널리 알려진 사실이다. 국방개혁은 늦출 일이 아니라 신속하게 적극적으로 추진해야 한다.

병력 감축과 무기 첨단화에 선택적 모병제를 시행하면 큰 비용을 더 들이지 않고도 '스마트 강군(强軍)'으로의 전력 강화와 의무복무기간 단축이라는 두 마리 토끼를 동시에 잡을 수 있다. 병력을 당초 계획대로 13만 명 줄여 50만 명으로 하고, 10만 명의 전문 전투병(전투프로)과 고가 고성능 장비 무기 담당 전문병사를 모병하면, 의무복무병이 현재 43만 명에서 20만 명으로 줄어들어 복무기간을 현재의 21개월에서 절반인 10개월 정도로 단축할 수 있고 전투력도 강화된다. 모병 10만 병(兵)에 연간 3조 원 정도가 소요된다고 가정해도, 병력 감축에 따른 비용 절감분에 적은 예산만 추가 투입하면 된다. 그리고 장기복무 전문병사에 의해 전투력은 오히려 향상될 것이다.

한편, 젊은 나이에 국민의 의무를 다하기 위해 군대에서 소중한 시간을 보내고 있는 사병들의 임금 및 복지 수준도 획기적으로 높여야 한다. 2016년 기준, 병사들 중 가장 많은 월급을 받는 병장의 월급(19만 7천 원)이 최저임금의 15% 수준에 불과하다.

올바른 국방 개혁을 위해서는 국민의 동의와 지지가 필수적이다. 우리 국방비는 북한보다 최소 7배에서 수십 배 많다. 전력을 비교해도 북한은 재래식 무기 위주이고, 우리는 북한보다 수량은 적지만 훨씬 현대화된 무기체계를 갖고 있다. 북한보다 엄청나게 많은 국방비를 지출하면서도 미군이 없으면 전력이 열세라는 일부 주장은 그야말로 황당하고 무책임한 주장이다. 자주국가로서 강력한 국방력을 갖추는 것은 기본 중에서도 기본이다. 강력한 군사력은 전쟁에서 이기기 위한 수단이 아니라, 궁극적으로 평화를 지키기 위한 수단이다. 남북 교류를 통한 평화 체제를 구축하는 한편, 군도 병력 감축과 스마트 강군을 실현해야 한다.

14장
한미관계

자주적 균형외교,
미국에도 당당한 한국

미국 일본 등과의 관계에서 우리가 주도권을
갖고 자주적 균형외교를 해야 하듯,
남북관계에서도 미국과 중국 등이 아닌
남과 북이 주도권을 가져야 한다.

외교는 국민의 생명, 국가의 안보를 지키면서 국익을 극대화하기 위한 수단이다. 동맹관계도 철저히 국익의 관점에서 접근해야 한다. 북한은 협력과 교류를 통해 한반도에 평화 체제를 함께 구축해나가야 할 우리의 대화 상대이지만, 한편으로는 바로 눈앞에서 군사적으로 대치하고 있는 상대라는 사실도 부정할 수 없다. 이런 상황에서 동맹국가는 많을수록 또 동맹이 강할수록 좋다. 단, 분명히 해야 할 것이 있다. 동맹국은 기본적으로 자신의 이익을 위해 행동하지 우리의 이익을 위해 자기 이익을 포기하지는 않는다는 것이다.

따라서 현명한 외교는 너와 나의 이익을 많이 만들어내는 데 있다. 미국, 일본, 중국, 러시아 등 4대 강국은 현재까지는 한반도의 분단 상태를 유지하고 싶어한다는 게 나의 생각이다. 자국 이익을 위해 어느 정도는 한반도의 긴장 상태를 유지하길 원할 수도 있다. 국민의 생명과 안전을 지키기 위한 수단으로 여겨야 할 동맹관계를 맹목적으로 추종하면, 한반도 정세는 우리가 원하지 않는 방향으로 흘러갈 수밖에 없다.

외교, 특히 대륙 세력과 해양 세력이 충돌하는 반도국가의 외교는 국익과 자주성을 높이면서 균형을 중시하는 외교여야 한다. 외교관계에서 동맹을 근간으로 해야 하는 것은 부정할 수 없는 현실이지만 그렇다고 동맹관계에 종속돼선 안 된다. 우리 자신을 중심으로 두는 강력한 주체적 의지가 긴요하다. 가장 강력한 우방인 미국과의 한미동맹은 심화 발전시켜야 한다. 그렇다고 해서 그 관계가 종속적이어서는 안 된다. 그런데 이명박·박근혜 정부는 한미관계를 종속관계로 전락시키고 말았다. 우리는 국익을 중심에 놓고 자주적이고 균형 잡힌 외교를 펼쳐야 한다. 그렇지 않으면 지정학적으로 대륙 세력(중국, 러시아)과 해양 세력(미국, 일본)이 맞부딪히는 반도에 위치한 우리나라는 구한말처럼 강대국들에게 번갈아 수탈당하는 운명으로 전락하기 십상이다. 중국이 세계 강국으로 부상해 미국과 경쟁하고 있는 현 상황에서는 더욱더 자주적이고 균형적인 외교를 지향해야 한다.

부패와의 전쟁으로 필리핀 국민들로부터 전폭적 지지

를 받고 있는 두테르테 대통령은 중국을 방문한 자리에서 다음과 같이 말했다.

"군사·경제 분야에서 미국으로부터 분리를 선언한다."

이는 미국을 깜짝 놀라게 했다. 필리핀과 미국의 70년 동맹을 깨겠다는 결별 선언이었으니 미국으로서는 긴장하지 않을 수 없었다. 특히 미국 오바마 행정부는 외교전략으로 '피벗 투 아시아'(Pivot to Asia), 즉 아시아로의 중심축 이동을 추진하고 있던 터라 필리핀의 돌발행동에 깜짝 놀랐다. 미국은 필리핀에 국무부 동아시아태평양 담당 차관보를 급파하는 등 두테르테 대통령의 진의 파악에 나섰다. 두테르테의 발언은 실제 미국과 동맹을 끊겠다는 것이 아니라 미국 중심 외교에서 벗어나 자주적 외교를 펼치겠다는 것이었다. 전통적으로 미국은 필리핀을 교두보로 중국에 대한 봉쇄선을 펴고 있었는데 필리핀이 중국과 손을 잡아 이 봉쇄선이 뚫리면 오히려 미국이 위협을 받는 상황으로 바뀔 수 있다. 두테르테의 선언으로 필리핀도 미국이나 중국 모두에게 중요한 외교 파트너로 부상하게 된 것이다. 물론 두테르테는 인권 침해와 법질서 무시라는 측면에서 비판받아 마땅하지만 그의 국익 중시 관점은 주목할 필요가 있다.

대륙과 해양의 중간에 위치한 우리도 지혜를 발휘해야 한다. 한쪽의 불리한 요구는 다른 쪽의 힘을 빌려 막고, 다른 쪽에게서 필요한 지원은 반대쪽의 힘을 빌려 얻는 외교능력이 필요하다. 강대국 간의 역학관계를 잘 활용해 우리에게 도움이 되는 길로 나가야 한다. 통탄스럽게도 박근혜 정부는 미국과 중국 사이에서 아무 생각 없이 줏대 없는 널뛰기를 했다. 제 목소리를 내지 못해 강대국의 먹잇감이 되는 들러리 외교를 했다. 한마디로 총체적인 무능 외교의 결정판이었다. 지난 70여 년간 한국 사회를 지배해온 부정부패 세력과 맥을 같이하는 이들은 매국 세력이기도 했다. 이들 매국 세력은 국민보다는 강대국에 의존했고, 강대국의 논리와 이익을 앞세워 국민의 삶을 위협했다. 이명박·박근혜 정부에서 심각하게 퇴행한 건 민주주의 가치뿐만이 아니다. 외교 분야에서도 퇴행을 거듭해 사드(고고도미사일 종말부 방어체계) 배치나 한일군사정보보호협정 등으로 한국의 국익과 안보에 위협을 가했다. 그래서 국민을 대리해 정치를 하는 머슴의 철학과 의지가 무엇보다 중요하다. 외교와 국제관계에서는 지도자 스스로 가진 콘텐츠가 없으면 주변국 논리에 휘둘릴 수밖에 없다.

이명박·박근혜 정부에서 종속관계로 변질되고 있는 한미관계를 바로잡아야 한다. 신고립주의와 미국우선주의를 표방하며 미국 대통령에 당선된 트럼프가 이를 밀어붙일 경우, 한미관계도 많은 변화가 예상된다. 트럼프는 선거운동 당시 동맹국들이 충분한 비용을 부담하지 않으면 미국은 더 이상 유럽과 아시아 국가들을 보호하지 않을 것이라며 방위비 분담금을 재협의해야 한다고 주장했 다. 트럼프의 안보 정책이 구체적 모습을 드러내진 않았지만, 트럼프는 비즈니스를 하듯이 동맹국에 부담을 더 지우려 할 가능성이 크다. 방위분담금 인상 요구도 그 중 하나다.

이런 환경이 우리에겐 위기이기도 하지만, 한편으로는 기회가 될 수 있을지 궁리해야 한다. 독립국가인 우리는 미국에 맡긴 전시작전통제권을 조기에 회수하고 자체적으로 강력한 국방력을 바탕으로 대북 억지력을 확보해야 마땅하다. 이미 10여 년 전부터 주한미군은 북한의 침략을 막기 위한 붙박이 군대가 아니었다. 신속기동군으로 언제든지 빠져나갈 수 있게 계획되어 있다. 대북 억지력 확보라는 우리의 이익이 있는 것도 분명하지만, 한편으로는 우리가 미군 주둔지를 빌려주고 있는 측면도 있다. 주둔지를 빌려주면서도 우리는 과도하게 비용을 분담하고 있는 것으로 보인다. 미군 주둔비 분담 비율은 독일 18%, 일본 50%인데 우리는 77%나 된다. 공식적인 분담금 외에 부동산 지원, 카투사·경찰 지원, 세금 감면, 공공요금 감면 등 혜택도 있다. 독일과 일본의 분담 비율과 우리의 분담 비율을 비교하면, 우리는 속된 말로 '봉 잡힌' 수준이다. 이번 기회에 독일, 일본, 한국을 정확하게 비교해 분담비 수준의 적정성에 대해 논의해볼 필요가 있다. 우리는 미국의 속국이 아니다. 한미동맹을 부정할 수는 없지만 국익도 고려해야 한다.

동북아에서 독립국가로서 군통수권을 다른 나라에 맡기는 나라는 대한민국뿐이다. 세계적으로 보면 우리보다 약소국들도 작전통제권을 외국에 맡기지는 않는다. 작전통제권 환수 준비를 신속히 마치고 조기에 환수 절차를 밟아 독립 자주국가로서의 최소한의 모양을 갖추어야 한다.

사드 배치도 마찬가지다. 사드는 미국의 동북아 미사일방어체제(MD)에 필요한 것이다. 사드는 북한 미사일 방어에는 별 도움이 안 된다. 오히려 중국의 안방을 들여다보는 감시 견제용으로 해석되면서 중국이 극심하게 반발하고 있다. 이제 남북 간 군사 충돌 걱정에 더해 미중 군사 충돌 시 사드를 향해 한반도로 날아오는 중국 미사일까지 걱정하게 되었다. 안보에 별 도움도 안 되는 사드 때문에 한국은 대중관계 악화에 따른 경제적 손실을 이미 겪고 있다. 한·미·일 군사동맹 포위전략에 대응하려는 중국이 북한과 가까워지면서 북핵 미사일 억제를 위한 국제공조가 느슨해져 북한이 오히려 안보상 반사이익을 얻는 피해까지 감수해야 한다. 한반도에 군사적 긴장이 높아지면서 군비경쟁에 따른 군사비 부담도 커지고 평화 정착도 멀어지게 된다. 실익이 거의 없고 군사·경제·안보상 손실이 큰 정책을 국민 동의도 구하지 않은 채 일방적으로 추진했으므로 사드는 철회되어야 한다.

나는 종북몰이라는 허깨비를 이용한 공격에 맞서 싸워왔다. 정부가 사드 배치를 일방적으로 결정하자 다른 정치인들은 종북몰이가 두려워 모호한 태도를 취할 때도, 나는 소리 높여 사드 반대를 외쳤다. 사드 배치 예정 지역 성주와 김천에 찾아가 주민들과 함께 반대투쟁에 참여했다. 실익도 없고 국민이 반대하는 사드를 일방적으로 밀어붙여선 안 된다. 사드는 철회되어야 하고, 그것이 어렵다면 국익 관점에서 차기 정부가 결정할 수 있도록 미뤄야 한다.

한일군사정보보호협정에 대한 입장을 묻는 일본 NHK 기자의 질문을 받았을 때, 나는 단호하게 말했다.

"일본은 공존공영해야 할 중요한 이웃 국가임이 분명하지만, 일본이 군사대국화를 지향하고 팽창주의를 지속한다면 그 첫 희생양은 한반도가 될 가능성이 높다."

일본 자위대를 군대로 인정하고 우리는 별 이득도 없는 협정을 체결해 일본에 군사정보를 제공하는 것을 국민 입장에서 납득할 수 없다. 우리의 주적이라는 북한이 남한을 침공하기 불과 5년 전인 1945년까지 한반도를 침략해 점거하고 있던 게 일본이다. 그런 일본이 침략 사실을 반성하기는커녕 침략 사실조차 제대로 인정하지 않은 채 오히려 독도를 자기 영토라 우기며 침략 야욕을 드러내고 있는 한, 군사적 측면에서 적대성이 해소되었다고 볼 수 없다. 이런 상태에서 한국이 일본에 군사정보를 제공한다니 있을 수 없는 일이다.

한일 위안부 합의에 대해서도 한마디하지 않을 수 없다. 위안부 문제는 피해자의 동의 없이 국가가 대신해서 마음대로 합의할 수 있는 사안이 아니다. 양해나 이해를 구할 수는 있어도 피해자들이 엄연히 있는데, 더구나 합의를 반대하는데 정부가 무슨 권한으로 합의를 하는가? 정부의 위안부 합의는 월권일 뿐 아니라, 문서가 아닌 공동성명에 불과해서 국가 간 합의의 최소한 요건도 갖추지 못했다는 점을 분명히 해둔다.

미국, 일본 등과의 관계에서 우리가 주도권을 갖고 자주적 균형외교를 해야 하듯, 남북관계에서도 미국과 중국 등이 아닌 남과 북이 주도권을 가져야 한다. 남북이 주도권을 갖는 가운데 국제 사회의 협력을 얻어 한반도에 평화를 정착시키고 통일의 기반을 조성해야 한다. 국가의 운명과 국민의 생명이 걸린 안보문제에는 정파적 정략이나 개인의 감정이 개입되면 안 된다. 국익을 위해 국가 미래와 국민 안전을 최우선에 두고 판단해야 한다.

강경책으로 상대를 완전히 굴복시키고 멸절시킬 수 없다면 현실적으로 존재하는 상대와는 결국 대화와 협상을 해야 한다. 제재 압박이라는 일방적 강경책만 있던 시기에 한반도는 더 위기로 치달은 것을 우리 눈으로 직접 보았다. 대화 협상을 배제하고 고립·봉쇄·압박 제재 정책을 유지했을 때 한반도 상황은 더 나빠졌고, 북한 핵의 진척 속도는 더 빨라졌다. 제재·압박을 고수하는 강경 정책만으로는 북핵문제를 해결할 수 없다는 게 증명된 이상, 외교적 수단은 다양할수록 좋다는 당연한 원리에 기초해서 대화 협상을 병행해야 한다.

클린턴 대통령 시절 미국의 북핵 조정관이었던 윌리엄 페리가 제안한 '3 NO' 정책은 여전히 유효하다. 핵을 동결하고, 대화를 통해 감축과 비핵화로 나아가야 한다. 새 정부는 출범 직후부터 최우선적으로 북한과의 신뢰 회복에 나서야 한다. 대화와 신뢰 회복을 바탕으로 남북간 관계 개선과 교류협력을 확대하고, 국제적으로 6자회담이든 4자회담이든 되살려 상호 이익을 위한 방안을 만들어 내야 한다.

15장
종북몰이

수구 세력의 조작에는
정면 돌파가 약

종북몰이는 그야말로 허깨비라고 생각한다.
허깨비를 무서워하면 더 큰 허깨비가 나온다.

'종북'이라는 딱지 붙이기(labelling)는 한국 민주주의에서 전염병과 같았다. 뻔히 아는 사건이지만 부림사건을 다룬 영화 〈변호인〉, 국정원의 간첩조작 사건을 다룬 영화 〈자백〉을 보면 치가 떨린다. 분단을 악용해 멀쩡한 사람을 간첩으로 조작한 자들이 아무런 처벌도 받지 않은 채 버젓이 활보하는 것이 대한민국의 현주소다. 부정하고 부패한 권력을 유지하려고 멀쩡한 사람을 잡아 가두고 폐인을 만들거나 심지어 죽이던 '빨갱이 사냥'은 현재도 진행 중이다. 부패한 소수의 기득권 세력은 권력 유지를 위해 정권에 비판적인 사람들을 북한 추종자라는 굴레를 씌워 사회적으로 매장시키려 했다.

민주주의의 가장 기본적인 가치는 인간 존중이다. 구성원 한 사람 한 사람을 존귀한 존재로 인정하는 것에서 민주주의는 출발한다. 민주주의 사회에서는 다양한 비판의 목소리가 들려오는 게 정상이다. 수구 기득권 세력이 비판을 종북으로 몰아버리는 것은 민주주의의 토대를 허무는 일이다.

나는 민주주의의 가치를 가장 중요하게 생각한다. 북한이 민주주의를 논할 수나 있는가? 국가가 국민 대중을 위해 존재하지 않고 특정 가문에 장악되어 있다. 국가권력을 3대째 세습하는 것은 민주주의 사고를 조금이라도 가진 사람이면 당연히 지적할 문제다. 북한은 주민의 정치적 자유와 사상의 자유, 표현의 자유 등 기본권을 박탈하고 인권을 경시하는 데다 제대로 먹여 살리지도 못하고 있다. 내가 북한 체제에 동조하지 않는 이유가 바로 여기에 있다. 동조할 수 없으니 당연히 따르고 추종하는 것은 불가능하다. 그런데도 나에 대한 종북몰이는 밑도 끝도 없이 계속되어 왔다.

종북몰이에
물러서지 않겠다

나는 종북몰이는 그야말로 허깨비라고 생각한다. 허깨비를 무서워하면 더 큰 허깨비가 나온다. 종북몰이 칼에 맞을까봐 두려워 대응을 피하면 종북몰이는 더 큰 칼이 되어 돌아온다. 그래서 종북몰이는 당당하게 정면 돌파해야 한다. 권력을 위해 반대편 정치 세력을 죽이려고 종북 딱지를 아무런 제재 없이 붙이도록 허용하면 민주주의는 심각하게 위협받는다. 종북몰이는 부패 기득권 세력의 고지를 지켜주는 기관총이자 토치카다. 이것을 깨부수지 않고 고지를 점령하는 건 불가능하다. 누군가 뒤를 이어 고지를 점령할 수 있도록, 나는 정치적 목숨을 걸고 토치카를 향해 돌진해왔다. 분단을 악용하는 불의한 세력들에게 전가의 보도가 된 종북몰이를 무력화시키지 않으면 정상적인 민주공화국을 만드는 일은 전혀 불가능하기 때문이다. 모두가 두려워 피하는 종북몰이에, 내가 바늘로 얼음을 깨는 심정으로 맞서온 이유다.

나는 헌법정신과 민주공화국의 가치를 소중하게 여긴다. 내 모든 것을 걸고 종북몰이에 당당하게 맞서 싸웠고, 다행히도 지금까지는 모두 이겼다. 역설적이게도 종북몰이는 오늘의 나를 있게 한 가장 큰 공로자다. 나를 종북으로 매도한 정미홍, 변희재 같은 사람들을 상대로 명예훼손 소송을 해 이겼다. 성남시가 일거리를 준 청소용역 회사에 옛 통합진보당 당원이 2명 포함돼 있다는 이유로 종북몰이를 하는 데도 당당히 맞서 "그 회사에 일감을 준 내가 종북이면 매년 사회적기업 지원금으로 수천만 원씩 준 박근혜 대통령은 고정간첩”이라고 받아쳤다. 민주노동당과 정책연대를 했다는 이유로 했던 종북몰이에는 “한나라당 대표 시절 나보다 먼저 민주노동당과 정책연대한 박근혜 대통령은 원조종북”이라며 그들의 입을 다물게 만들었다. 목함지뢰 사건으로 벌어진 남북 간 포격전에서 먼저 쏘았다는 북한 포탄의 폭발음을 연천군 주민들이 못 들었다는 기사를 리트윗했다는 이유로 시작된 종북몰이에는 “북한에 돈을 주고 우리 병사를 향해 총격해달라”고 부탁한 새누리당이 진짜 종북이자 국가 반역자들이고, 방산비리 저지르는 새누리당 이명박·박근혜 정부야말로 종북이라며 반격했다.

국정원의 종북몰이 역시 집요했다. 지금은 박사모 성남지부장이 되어 이재명 죽이기 낙선운동에 나선 형님에게 ‘이재명이 간첩 30명과 함께 구속될 것’이라며 종북시장 퇴진운동을 사주하기도 했고, 2014년에는 성남시 인사와 관급공사 수의계약 내역, 버스 면허 등을 불법사찰하기도 했다. 국정원의 종북몰이에 두려움을 가지고 아무도 말하지 않을 때 나는 이를 폭로하며 종북몰이 척결의지를 표명하고 소송을 제기했고, 2017년 초 지금도 싸움은 계속되는 중이다.

내가 선거에 당선되느냐 마느냐는 그다음 문제였다.

민주주의 자체를 근본적으로 파괴하는 행위를 방치할 수는 없어서 나는 치열하게 싸웠다. 그런데 2015년 서울지검에 소환까지 된 청소용역 종북몰이 수사는 나를 갤럽 여론조사에서 1% 지지율을 가진 대선후보로 등록하게 만들어주었으니 이것도 참 아이러니가 아닐 수 없다.

남북 분단과 대결 구도를 자신들의 정치적 입지를 강화하는 수단으로 삼는 세력은 진정한 보수가 아니다. 보수의 탈을 쓴 수구 기득권, 친일·독재·부정부패 세력일 뿐이다. 이들이야말로 우리 사회에서 청산해야 할 암적 존재들이다. 이들은 입으로는 "애국 안보"를 외치지만, 방산비리를 저질러 안보를 위협하고 남북관계를 벼랑으로 몰아 국민 생명을 위협하는 반국가 집단이다. 국민 생명이 아닌 한 줌 권력을 지키는 데만 관심을 가지며 안보의 이름으로 안보를 해치는 이들이 진짜 종북 반역 행위자들이다. 역사교과서 국정화를 추진하던 정부가 '기존 역사교과서가 주체사상과 6·25전쟁 남한 책임론을 가르치고 주입했다'는 만화를 만들어 전국에 배포했다. 그 말이 사실이면 교과서 검수 책임자인 대통령과 교육부장관은 명백한 종북 빨갱이로 국가보안법에 의해 처벌돼야 마땅하지 않을까?

평화를 위해서는
종북몰이 뿌리 뽑아야

종북몰이는 합리적 대안을 찾기 위한 논의의 싹을 짓밟는 사회악이다. 진정한 평화를 위해서는 종북몰이에 단호하게 대응하자. 이제 대한민국의 평화와 안보를 위협하는 종북몰이의 청산을 선언하자.

종북 타령을 일삼는 편협한 세력들에게 더는 이 나라를 맡겨서는 안 된다. '정권 담당자가 누가 되느냐'는 단순히 남의 일이 아니라, 국민 모두의 생명과 국가의 미래를 실제로 책임지는 권력이 바뀌는 중차대한 일이다.

현재 한국은 동북아 6국 중 러시아와 소원해지고 중국과는 갈등을 키우고 있다. 미국에 대한 의존을 늘리면서 일본에게 농락당한 결과, 한국은 한·미·일 반중봉쇄동맹의 전초병 내지는 방패막이로 전락 중이다. 이러한 동북아 신(新)냉전 구도에서 북한은 중국과 러시아와 우호관계를 회복하는 한편, 사실상 핵과 미사일을 보유해 우리를 위협할 가능성이 커지고 있다.

이런 상황에서 미 트럼프 행정부가 비확산과 기존 핵 보유를 묵인하는 선으로 타협한다면 우리는 상시적으로 안보 불안을 안고 살아야 하고 북한의 통미봉남(通美

封南) 구도에 갇히게 될 것이다. 북·미 협상이 실패하고 미·중 대립이 격화되면 한반도에서 미·중 대리전을 맞을 위험에 처할 수도 있다. 통미봉남은 미국과의 실리적 통상외교를 지향하면서 남한 정부의 참여를 봉쇄하는 북한의 외교전략이다. 수구적 대통령과 주변 세력들이 종북몰이를 즐기고 국민과 정치인들은 종북몰이에 주눅 들어 합리적인 외교·국방·대북 정책을 논의조차 못하는 동안 이 나라는 최악의 국가 위기에 처하고 말았다.

따라서 이제는 분단과 안보를 정략에 악용하는 종북놀이를 멈추게 해야 한다. 합리적이고 전향적이며 지혜로운 대북전략과 외교전략을 수립하고 국익 중심의 자주적 정책을 견고하게 추진해나가야 한다. 조건 없이 대화를 재개하여 남북관계를 정상화하고 호혜적인 남북 경협을 진흥하는 동시에 창의적 제안을 만들어 북핵문제 해결을 능동적으로 주도해야 한다. 슬기롭게 외교력을 발휘해 북핵문제를 해결하고 한반도 평화 체제를 구축해낸다면 현재의 외교·안보 위기를 평화통일의 기반을 쌓고 한민족을 부흥하는 기회로 바꿔낼 수 있다. 위기는 기회이기도 하다. 대한민국이 민족적 비운을 맞이할 것인지 융성의 길로 들어설 것인지는 지금 우리의 선택에 달려 있다.

이재명이 꿈꾸는 나라

대한민국의 명운을 가를 대전환기, 명예로운 국민혁명의 후반전에 접어들면서 서서히 두려움이 밀려온다. 고백컨대 나는 광주민주화운동을 '광주사태', 즉 불순한 세력에 의한 폭동이라 알고 있던 소년 노동자였다. 그랬던 내가 대학생이 되어서야 진상을 깨달았다. 그리고 또 뒤늦게 깨우친 사실이 있다. 나와 가족, 공장 동료와 이웃들의 참혹한 삶이 결코 개인의 무능과 무책임, 게으름으로 인한 것만이 아니라는 것을! 그 뒤로 나의 작은 전쟁, 기득권과 부정 불의를 향한 투쟁이 시작되었다. 나는 기득권자들과 싸우며 구속되고 수배 대상이 되는 등 차별과 고통 속에서 성장했다.

예상을 깨고 내가 2010년 성남시장에 당선되자 이명박 정권은 3개월간의 집중 내사를 거쳐 40쪽 분량의 '이재명 제거 보고서'를 작성해 대통령에 보고하고 시정을 방해했다. 국정원을 통해 사찰하고 검찰과 경찰 상급기관을 시켜 거의 매일 수사와 감사를 벌이며 고통을 주었다. 참아내기 어려웠지만 나는 '모든 권력은 국민으로부터 나온다'는 헌법 가치와 '국민이 곧 하늘'이라는 믿음으로 견딜 수 있었다. 또한 '사필귀정'(事必歸正)과 '진인사대천명'(盡人事待天命)을 되뇌며 끝끝내 이겨왔다. 우리 국민이 결정적인 순간마다 보여줬던 용기가 힘이 되어주었다. 2016년 가을과 겨울을 촛불로 밝힌 2016년 건국명예혁명이 그 절정이다.

우리가 만들어갈 민주공화국, 대한민국이 지향하는 가치는 분명하다. 공정국가. 공평하고 자유롭고 정의롭고 평화롭고 안전하고 인간다운 나라이다. 이것이 건국명예혁명의 후반부에 반드시 이뤄야 할 새로운 질서이며, 어두운 밤하늘의 북극성처럼 집중해서 바라보고 따라갈 지표이다. 이 길에서 나는 지금까지 그러했듯이 국민의 집단지성을 믿고 많이 의지할 것이다. 영국의 브렉시트, 미국의 대선, 필리핀, 대만, 스페인, 오스트리아…. 전 세계적으로 확산되는 국민 대중의 우위 현상을 목도하며 우리는 용기를 얻고 있다.

우리 국민은 건국명예혁명의 전반전에서 체득하고 복

원해낸 동료애와 연대의식으로 무장했다. 한 명 한 명은 약하지만 연대하고 소통하는 다수가 되었을 때, 누구에게도 지지 않는다는 사실을 확인했다. 시민정신과 집단지성이, 연대와 직접 행동이 역사상 가장 위대한 승리를 가져다줄 것으로 확신한다. 지난 투쟁에서 우리가 함께 확인한 용기와 의지로써 동료들의 손을 잡고 행동한다면 새로운 대한민국을 만드는 후반전에서도 반드시 이길 수 있다고 확신한다.

**이런 나라에
살고 싶다**

권력과 기회를 독점한 소수만을 위한 나라가 아니라
평범한 국민들이 희망을 갖고 살아가는,
공평하고 공정한 나라

노동이 존중받고 노동의 대가가
정당하게 주어지는 나라

농민이 홀대받지 않고
농업이 중시되는 나라

사회적 약자들이 차별받지 않고
어느 누구도 억압받지 않는 나라

비록 흙수저로 태어나도
미래의 희망을 꿈꿀 수 있는 나라

재난과 재해로부터 안전하고
전쟁 걱정 없는 평화로운 나라

위대한 국민이 다시 세운 위대한 대한민국

촛불을 든 국민들의 눈동자에 어린
그런 자랑스러운 나라에 살고 싶다.

대한민국 제21대 대통령 취임사

존경하고 사랑하는 국민 여러분, 여러분이 선택해주신 대한민국 제21대 대통령 이재명 인사드립니다. 한없이 무거운 책임감과 한없이 뜨거운 감사함으로 이 자리에 섰습니다.

5,200만 국민이 보내주신 5,200만 가지 열망과 소망을 품고 오늘부터 저는 대한민국 21대 대통령으로서 진정한 민주공화국 대한민국을 향한 첫발을 내딛습니다.

미래가 우리를 향해 손짓하고 있습니다. 벼랑 끝에 몰린 민생을 되살리고, 성장을 회복해 모두가 행복한 내일을 만들어갈 시간입니다. 정쟁 수단으로 전락한 안보와 평화, 무관심과 무능, 무책임으로 무너진 민생과 경제, 장갑차와 자동소총에 파괴된 민주주의를 다시 일으켜 세울

시간입니다.

우리를 갈라놓은 혐오와 대결 위에 공존과 화해, 연대의 다리를 놓고, 꿈과 희망이 넘치는 국민행복시대를 활짝 열어젖힐 시간입니다.

한강 작가가 말한 대로, 과거가 현재를 돕고, 죽은 자가 산 자를 구했습니다. 이제는 우리가, 미래의 과거가 되어 내일의 후손들을 구할 차례입니다.

국민 앞에 약속드립니다. 깊고 큰 상처 위에 희망을 꽃피우라는 준엄한 명령과, 완전히 새로운 나라를 만들라는 그 간절한 염원에 응답하겠습니다.

이번 대선에서 누구를 지지했든 크게 통합하라는 대통령의 또 다른 의미에 따라, 모든 국민을 아우르고 섬기는 '모두의 대통령'이 되겠습니다.

대한민국은 오늘도 새로운 역사를 쓰고 있습니다. 식민지에서 해방된 나라 가운데 유일하게 산업화와 민주화에 성공한 나라, 세계 10위 경제력에 세계 5위의 막강한 군사력을 자랑하며 K-컬처로 세계 문화를 선도하는 나라. 이 자랑스러운 동방의 한 나라가 이제는, 맨손의 응원봉으로 최고 권력자의 군사쿠데타를 진압하는 민주주의 세계사의 새 장을 열고 있습니다.

　대한민국의 이 위대한 여정을, 대한국민의 이 위대한 역량을 전 세계인이 경이로움으로 지켜보고 있습니다. 오색 빛 혁명, K-민주주의는 위기에 처한 민주주의의 새 활로를 찾는 세계인들에게 뚜렷한 모범이 되었습니다.

사랑하는 국민 여러분, 우리는 지금 대전환의 분기점에 서 있습니다. 낡은 질서가 퇴조하고 새 질서, 문명사적 대전환이 진행 중입니다. 지금까지 겪어보지 못한 초과학 기술 신문명시대, 눈 깜빡할 새 페이지가 넘어가는 인공지능 무한경쟁 시대가 열렸습니다.

　기후 위기가 인류를 위협하고, 산업 대전환을 압박합니다. 보호주의 확대와 공급망 재편 등 급격한 국제질서 변화는 우리의 생존을 위협합니다.

변화에 뒤처져 끌려갈 것이 아니라 변화를 주도하며 앞서가면 무한한 기회를 누릴 수 있습니다. 그러나 안타깝게도, 이 중차대한 시기에 우리는 민생, 경제, 외교, 안보, 민주주의 모든 영역에서 엉킨 실타래처럼 겹겹이 쌓인 복합 위기에 직면했습니다.

대한민국의 현재와 미래가 동시에 위협받고 있습니다. 지친 국민의 삶을 구하고 민주주의와 평화를 복구하는 일, 성장을 회복하고 무너진 국격을 바로 세우는 일에는 짐작조차 힘들 땀과 눈물, 인내가 필요할 것입니다.

그러나 그늘진 담장 밑에서도 기필코 해를 찾아 피어나는 6월의 장미처럼, 우리 국민은 혼돈과 절망 속에서도 나아갈 방향을 찾았습니다. 주권자 국민의 뜻을 침로로 삼아 험산을 넘고 가시덤불을 헤치고서라도 전진하겠습니다. 민생 회복과 경제 살리기부터 시작하겠습니다.

불황과 일전을 치르는 각오로 비상경제대응TF를 바로 가동하겠습니다. 국가 재정을 마중물로 삼아 경제의 선순환을 되살리겠습니다.

이제 출범하는 민주당 정권 이재명 정부는 정의로운 통합정부, 유연한 실용정부가 될 것입니다. 통합은 유능의 지표이며, 분열은 무능의 결과입니다. 국민 삶을 바꿀 실력도 의지도 없는 정치 세력만이 권력 유지를 위해 국민을 편 가르고 혐오를 심습니다.

분열의 정치를 끝낸 대통령이 되겠습니다. 국민통합을 동력으로 삼아 위기를 극복하겠습니다. 민생, 경제, 안보, 평화, 민주주의 등 내란으로 무너지고 잃어버린 것들을 회복하고, 지속적으로 성장 발전하는 사회를 만들겠습니다.

국민이 맡긴 총칼로 국민주권을 빼앗는 내란은, 이제 다시는 재발해선 안 됩니다. 철저한 진상 규명으로 합당한 책임을 묻고, 재발 방지책을 확고히 마련하겠습니다.

공존과 통합의 가치 위에 소통과 대화를 복원하고, 양보하고 타협하는 정치를 되살리겠습니다. 낡은 이념은 이제 역사의 박물관으로 보냅시다. 이제부터 진보의 문제란 없습니다. 이제부터 보수의 문제도 없습니다. 오직 국민의 문제, 대한민국의 문제만 있을 뿐입니다. 박정희 정책도, 김대중 정책도, 필요하고 유용하면 구별 없이 쓰겠습니다.

이재명 정부는 실용적 시장주의 정부가 될 것입니다. 통제하고 관리하는 정부가 아니라 지원하고 격려하는 정부가 되겠습니다. 창의적이고 능동적인 기업 활동을 보장하기 위해 규제는 네거티브 중심으로 변경하겠습니다. 기업인들이 자유롭게 창업하고 성장하며 세계시장에서 경쟁할 수 있도록 든든하게 뒷받침하겠습니다.

국민의 생명과 안전, 노동자의 정당한 권리를 위협하고, 부당하게 약자를 억압하며, 주가조작 같은 불공정거래로 시장 질서를 위협하는 등, 규칙을 어겨 이익을 얻고 규칙을 지켜 피해를 입는 것은 결코 허용하지 않겠습니다.

모든 국민의 기본적 삶의 조건이 보장되는 나라, 두터운 사회 안전매트로 위험한 도전이 가능한 나라여야 혁신도 새로운 성장도 가능합니다. 개인도, 국가도 성장해야 나눌 수 있습니다. 국익 중심의 실용외교를 통해 글로벌 경제·안보환경 대전환의 위기를 국익 극대화의 기회로 만들겠습니다.

굳건한 한미동맹을 토대로 한·미·일 협력을 다지고, 주변국관계도 국익과 실용의 관점에서 접근하겠습니다. 외교의 지평을 넓히고, 국제적 위상을 높여 대한민국 경제 영토를 확장해나가겠습니다.

존경하는 국민 여러분, 위대한 빛의 혁명은 내란종식을 넘어 빛나는 새 나라를 세우라고 명령합니다. 희망의 새 나라를 위한 국민의 명령을 준엄히 받들겠습니다.

　첫째, 명실상부한 '국민이 주인인 나라'를 만들겠습니다. 대한민국은 민주공화국이고, 주권은 대한국민에게 있습니다. 언제 어디서나 국민과 소통하며 국민의 주권의지가 일상적으로 국정에 반영되는 진정한 민주공화국을 만들겠습니다. 빛의 광장에 모인 사회대개혁 과제들을 흔들림 없이 추진하겠습니다.

둘째, 다시 힘차게 성장 발전하는 나라를 만들겠습니다. 기회와 자원의 불평등이 심화되고, 격차와 양극화가 성장을 가로막는 악순환이 지속되고 있습니다. 저성장으로 기회가 줄어드니, 함께 사는 경쟁 대신 네가 죽어야 내가 사는 전쟁만 남았습니다.

극한경쟁에 내몰린 청년들이 남녀를 갈라 싸우는 지경이 되었습니다. 경쟁 탈락이 곧 죽음인 불평등 사회가 갈라치기 정치를 만나 사회 존속을 위협하는 극단주의를 낳았습니다.

　새로운 성장 동력을 만들고, 성장의 기회와 결과를 함께 나누는 공정성장이 더 나은 세상의 문을 열 것입니다. 가난해도 논밭 팔아가며 자식들 공부시킨 부모 세대의 노력이 지금의 대한민국을 만든 것처럼, 정부가 나서 다가올 미래를 준비하고 지원하며 투자하겠습니다.

AI, 반도체 등 첨단 기술 산업에 대한 대대적 투자와 지원으로 미래를 주도하는 산업 강국으로 도약하겠습니다.
　기후위기 대응이라는 세계적 흐름에 따라 재생에너지 중심 사회로 조속히 전환하겠습니다. 에너지 수입 대체, RE100 대비 등 기업 경쟁력 강화에 더하여, 촘촘한 에너지고속도로 건설로 전국 어디서나 재생에너지를 생산할 수 있게 해 소멸 위기 지방을 살리겠습니다.

셋째, 모두 함께 잘 사는 나라를 만들겠습니다. 자원이 부족했던 대한민국은 특정한 지역, 기업, 계층에 몰아 투자하는 불균형 발전 전략으로 세계 10위 경제대국으로 압축 성장했습니다.
　그러나 이제는 불균형 성장 전략이 한계를 드러내고, 불평등에 따른 양극화가 성장을 가로막게 되었습니다. 이제 지속적 성장을 위해서는 성장 발전 전략을 대전환해야 합니다. 균형발전, 공정성장 전략, 공정사회로 나아가야 합니다.

수도권 집중을 벗어나 국토 균형 발전을 지향하고, 대·

중·소·벤처기업과 스타트업이 유기적으로 협력하는 산업 생태계를 만들고, 특권적 지위와 특혜가 사라진 공정 사회로 전환해야 합니다.

성장의 기회와 과실을 고루 나누는 것이 지속 성장의 길입니다. 성장과 분배는 모순관계가 아닌 보완관계인 것처럼, 기업 발전과 노동 존중은 얼마든지 양립할 수 있습니다.

넷째, 문화가 꽃피는 나라를 만들겠습니다. "오직 한없이 가지고 싶은 것은 높은 문화의 힘이다." 백범 김구 선생의 꿈이 이제 현실이 되어 가고 있습니다. K-팝부터 K-드라마, K-무비, K-뷰티에 K-푸드까지, 한국 문화가 세계를 사로잡고 있습니다.

문화가 곧 경제이고, 문화가 국제 경쟁력입니다. 한국 문화의 국제적 열풍을 문화산업 발전과 좋은 일자리로 연결시켜야 합니다. 대한민국의 문화산업을 더 크게 키우겠습니다. 적극적인 문화 예술 지원으로 콘텐츠의 세계 표준을 다시 쓸 문화강국, 글로벌 소프트파워 5대 강국으로 도약하겠습니다.

다섯째, 안전하고 평화로운 나라를 만들겠습니다. 안전

과 평화는 국민 행복의 대전제입니다. 안전이 밥이고, 평화가 경제입니다.

세월호, 이태원 참사, 오송지하차도 참사 등 사회적 참사의 진상을 명확히 규명하고, 국민의 생명과 재산이 위협받지 않는 안전사회를 건설하겠습니다. 분단과 전쟁의 상처를 치유하고 평화 번영의 미래를 설계하겠습니다.

아무리 비싼 평화도 전쟁보다 낫습니다. 싸워서 이기는 것보다, 싸우지 않고 이기는 것이 낫고, 싸울 필요 없는 평화가 가장 확실한 안보입니다. 북한 GDP의 2배에 달하는 국방비와 세계 5위 군사력에, 한미 군사동맹에 기반한 강력한 억지력으로 북핵과 군사도발에 대비하되, 북한과의 소통 창구를 열고 대화 협력을 통해 한반도평화를 구축하겠습니다.

불법계엄으로 실추된 군의 명예와 국민 신뢰를 회복하고, 다시는 군이 정치에 동원되지 않도록 하겠습니다.

사랑하고 존경하는 국민 여러분, 생사를 넘나드는 숱한 고비에도 오직 국민에 대한 믿음을 부여잡고 국민께서 이끌어주신 길을 따라 여기까지 왔습니다. 이제 국민께서 부여한 사명을 따라 희망을 찾아가겠습니다.

우리 국민은 하나일 때 강했고, 국민이 단합하면 어떤 역경이든 이겨냈습니다. 일제의 폭압에 3·1운동으로 맞서며 대한민국 임시정부를 수립했고, 분단의 아픔과 전쟁의 폐허 위에서 세계가 놀랄 산업화를 이뤄냈습니다.

엄혹한 독재에 맞서 민주주의를 쟁취했고, 세계사에 없는 두 번의 아름다운 무혈 혁명으로 국민주권을 되찾았습니다. 우리 국민의 이 위대한 역량이라면, 극복하지 못할 위기는 없습니다.

높은 문화의 힘으로 세계를 선도하는 나라, 앞선 기술력으로 변화를 주도하는 나라, 모범적 민주주의로 세계의 귀감이 되는 대한민국. 우리 대한민국이 하면 세계의 표준이 될 것입니다.

존경하는 국민 여러분. 회복도 성장도 결국은 이 땅의 주인인 국민의 행복을 위한 것입니다. 모든 국가 역량이 국민을 위해 온전히 쓰여지는 진정한 민주공화국을 만듭시다.

작은 차이를 넘어 서로를 인정하고 존중하며, 국민이 주인인 나라, 국민이 행복한 나라, 진짜 대한민국을 향해 함께 나아갑시다.

국가권력을 동원한 내란에 저항하고, 아름다운 빛으로 희망 세상을 열어가는 국민 여러분이 이 역사적 대장정의 주역입니다.

대한민국 주권자의 충직한 일꾼으로서, 5,200만 국민의 삶과 국가의 미래를 위탁받은 대리인으로서 21대 대한민국 대통령에게 주어진 책임을 충실히 이행하겠습니다.

고맙습니다.

2025년 6월 4일
대통령 이재명

대한민국 혁명하라

초판 1쇄 2017년 1월 20일 발행
개정판 1쇄 2026년 3월 23일 발행

지은이 이재명
펴낸이 김현종
기획총괄 배소라 **출판본부장** 안형태
편집 최세정 진용주 황정원 김수진 장진경
디자인 조주희 김연주 **마케팅** 김예리 신잉걸
방송사업·미래전략본부 정태준 문상철 이주리 백범선 남궁주철 김대준

펴낸곳 (주)메디치미디어
출판등록 2008년 8월 20일 제300-2008-76호
주소 서울특별시 중구 중림로7길 4
전화 02-735-3308 **팩스** 02-735-3309
이메일 medici@medicimedia.co.kr **홈페이지** medicimedia.co.kr
페이스북 medicimedia **인스타그램** medicimedia
유튜브 medici_media

© 이재명, 2026
ISBN 979-11-5706-538-7(03340)